運命を高めて生きる

新渡戸稲造の名著『修養』に学ぶ

渡部昇一
watanabe shoichi

致知出版社

運命を高めて生きる——目　次

第一章　新渡戸稲造と「修養」の時代

明治・大正期に起こった「修養」の大ブーム……13
世間に賛否両論を巻き起こした『修養』の出版……14
個人の修養を無意味にした社会・共産主義思想の広がり……18
日本人に修養の意義を教えた中村正直の『西国立志編』……22
戦後日本に修養ブームが起こらなかったのはなぜか？……26
新渡戸博士が『修養』に託した思い……28
よく生きるために役立つ考え方を網羅した新心学の書……31

第二章　小さな努力で人は磨かれていく

修養とは自分の身を修め、自分の心を養うことである……35
平凡な日々をいかに過ごすか……37

非常時にこそ日々の生き方が試される 38
修養を思うだけで心がまえが違ってくる 41

第三章　**年齢を超越する生き方がある**

1. 青年とは誰のことをいうのか 49
差がわからないゆえに青年はおそろしい 49
加齢とともに若返るというのが本当の年の取り方である 51
未来の理想や希望に生きる者は誰もが青年である 52
過去の業績を自慢する人はすでに老いた人である 54
男はいい意味で「子供らしさ」があるのがいい 57
元気の無駄遣いをすると必ず後悔するときがやってくる 60

2. 志を持ち続けるために必要なこと 63
「十有五にして学に志す」は正しい 63
志を不動のものにするために「仕事の本質」を見よ 64

3. 一生の職業をどのように見つけるか …… 69
適性による職業選択と偶然による職業選択 …… 69
適性ある仕事に転じることによって成功した二人の青年 …… 72
悪平等が子供の可能性をつぶしている …… 75
人間として磨かれるならば誰をも納得させることができる …… 79
不足は工夫を生み、志を強くするもとになる …… 82
あとになってみると苦労は悪いものではない …… 85

第四章 継続は人を変える

1. 決心は「継続」するのが難しい …… 93
決心するのは簡単、問題はいかに継続するかだ …… 93
継続を邪魔する三つの要因を乗り越える法 …… 96
2. 継続のコツは易しいことを続けること …… 102
最初の決心を忘れないために「工夫」をする …… 102

決心を続けると人間はどこか変わってくる……105
継続によってわかる人生の偉大な原則……108

第五章　自分の限界を押し広げる

1. 勇気をいかに養うか——勇気とは育てるものである……115
小さなヒントから勇気を養うことができる……115
ギリギリまで行ったらどうなるかと考えてみる……119
困ったことは天が自分に降した大任であると考えよ……120
身近な人から勇気の育て方を学ぶ……122

2. 克己の工夫——何ができない理由なのか……126
「克つべき己」とは何かを知らなければならない……126
克己心を養うための六つのポイント……129
大きな安心を得るために小さなことを利用する……131
「どこまでやるか」は常識で判断すればいい……133

最大の克己とは自己犠牲の精神である……134
「なかれ」で抑えて、それ以外は自由にする……136

第六章 四つの「貯蓄力」を育てる

1. 貯蓄は修養の賜物である……141
文明とはエネルギーの貯蓄である……141
目的ある節約家は英雄豪傑にも勝る……145
貯蓄心ある者は将来有益な国民となる……148
2. 人生設計と体力の貯蓄……151
体力はいざというときのために残しておけ……151
カラ元気は十年先の後悔を生む……153
つまらない虚栄心は捨ててしまえ！……156
3. 活かすを愉しみ、積み上げるを喜ぶ……158
蓄えた知識は活かしてこそ価値がある……158

積徳は人生最大の喜びをもたらす……160

第七章　試練を愉しみ、安楽に耐える

1．逆境は誰にでもやってくる……165
順境の中に逆があり、逆境の中に順がある……165
人は自分の責任を認めたがらないものである……168
自分で自分を追い込んでいることはないか……170
人間万事塞翁が馬……172
2．不運を好転させる発想法……175
逆境にあるときは首を伸ばして先を見ろ……175
人の喜びを祝福できないのは悲しいことである……178
すべての責を自分に帰せば他人を怨む必要はない……180
逆境を大きなものと考えすぎないことも大事……183
どんな境遇にあっても同情心を忘れてはいけない……185

受けた傷は必ず何かに役立つものである……188
3. 試練を見つめ、受け入れる……191
苦しさを打ち明けるときは相手を選べ……191
不意の出来事に慌てると逆境はますます深くなる……193
試練をプラスに用いることを覚えよ……196
殉教者の生き方は何を教えてくれるか……198
4. 「いい時」をいかに過ごすか……200
人間にはマイナスをプラスに変える力がある……200
「いい時」こそ注意をしなくてはいけない……202
5. 好調を持続するための修養法……211
家康が教える順調な人の心がまえ……211
順調なればこそ努力が求められる……213
人生はすべて心の持ち方で決まる……214
逆風に耐えるより順風に耐えるほうが難しい……215

第八章　世の中を「深く」見よ

1．世間とどうつきあうか …… 221
自分だけ清潔であってもなんの役にも立たない …… 221
すべてを「善用する」ことを心がける …… 225
2．人間の生きる道 …… 228
見えない因果を大切にすると生き方が変わってくる …… 228
3．一日五分の「黙思」のすすめ …… 232
一歩退いてものを見る習慣を身につける …… 232
黙思をするには外部環境を整えることが大切である …… 236
学問は尊い、だが黙思はさらに尊い …… 238
沈思黙考の習慣が強く健やかな精神をつくる …… 242
あとがき …… 247

カバーデザイン——川上成夫
写真提供（帯）——十和田市立新渡戸記念館
編集協力——柏木孝之

第一章◎新渡戸稲造と「修養」の時代

我々がたびたび履行《りこう》せねばならぬ務めは平凡な問題で、脳漿を絞らなくとも、常識で判断のできるものである。しかしてまたこれが最も困難なる所である。否《いな》、判断のみでない。判断したことの実行こそ実に容易ならぬ難事《なんじ》である。この日々の平凡な務めを、満足に行い続けさえすれば、一生に一度あるか、なしかの大難題が起こるとも、これを解決するは容易である。

（「総説」より）

明治・大正期に起こった「修養」の大ブーム

昭和初期の日本は大きな時代の変わり目の中にあった。経済の悪化によって銀行が破綻し、犬養毅首相が暗殺された五・一五事件のような物騒な事件が起こり、対外的には満洲問題をきっかけに国際連盟から脱退することになった。内も外も極めて不安定な、あるいは不穏な空気に包まれていたといってもいいだろう。

こうした時代に、日本からほとんど消えてしまったといっていい言葉がある。それが「修養」という言葉である。「修養」というのは、明治の後半から大正期にかけて、すなわち日本が一番いい時代に最もはやった言葉の一つであった。

一番いい時代というのは、大まかにいえば、憲法が発布され、日清戦争に勝ち、日英同盟を結び、日露戦争に勝ち、大正デモクラシーが起こって、毎年毎年日本の繁栄が目に見えて進んでいくようなポジティブな感じのある時代である。そのころに「修養」をテーマにした本が多数出版されたのである。

幸田露伴の『努力論』なども当時でいえば修養の本であったし、仏教系の人、キリスト教系の人のほか、さまざまな人が『修養』というタイトルの本、あるいは修養を扱った本を出した。また、大日本雄弁会講談社（今の講談社）は『修養全集』という十二巻の大全集を刊行するが、これが洛陽の紙価を高からしめ、大講談社の基礎をつくったというぐらい売れたといわれている。

世間に賛否両論を巻き起こした『修養』の出版

そういう修養ブームの中でやや意外に思われるのは、今は五千円札の肖像としても有名になった新渡戸稲造博士が『修養』という大著を出版しておられることである。

この本は明治四十四年九月に実業之日本社から発行されたもので、Ｂ５判の大きさで実に六百二十二ページという大部である。私の持っているのは同年十一月八日の日付のある十一版だが、九月に初版が発行されてわずか二か月で十一版を数えたのだから大変なものである。おそらくその後もずっと売れたはずだから、当時の大ベストセラーであったということができるだろう。

この『修養』の好評を受けて、新渡戸博士は同じ実業之日本社から『世渡りの道』という続編も出版している。しかし、博士が実業之日本社という世俗的な出版社、とくに金儲けと関係のある出版物を扱う出版社から平俗な言葉で語った書物を出したということは、一部では批判の対象にもなったようである。

新渡戸博士が『修養』を出したのは四十九歳のときであった。そのころ博士は東京帝国大学法科大学（今の東大法学部）の教授という立場にあった。ここに至るまでの博士の経歴を簡単にまとめておくと次のようになる。

札幌農学校（今の北海道大学）を卒業後、三年間の役人生活を経て東京帝国大学に入るが、卒業しないままアメリカのジョンズ・ホプキンズ大学に留学する。しかし経済的に困窮し学資の捻出が難しい状況に陥り、健康も害してしまった。そのときに札幌農学校の先輩で同じジョンズ・ホプキンズ大学に留学し、いち早く卒業・帰国して札幌農学校の教授となっていた佐藤昌介の計らいで札幌農学校の助教授に就任させてもらい、今度は政府派遣留学生としてドイツに留学することになった。

ドイツでは、ボン、ベルリン、ハレの各大学に学んだ。最初のボン大学では農政学と農業経済学を一年、その後ベルリン大学に移って農業史、統計学、さらにハレ大学で農業経済学、統計学を学んで『日本土地制度論』（ドイツ語）の論文により博士号を受ける。

帰国後は札幌農学校の教授となり、その後東大から日本で最初の農学博士号を贈られる。さらに台湾総督府に勤めた後に京都帝国大学法科大学の教授に就任し法学博士になり、第一高等学校（今でいえば東大の教養学部）の校長、東京帝国大学農科大学の教授などを歴任することになるのである。

つまり、新渡戸博士に対する批判とは、当時の日本人として最高の教育を日本、アメリカ、ドイツで受け、しかも東大の教授でもあり法学博士でもあって一高の校長も務めたような人物がこんな通俗的なものを書いていいのかという批判だったのである。

そういう批判の痛烈であったことは、『修養』の続編として出した『世渡りの道』の序文から読み取ることができる。その序文で博士は、『修養』に引き続き『世渡りの道』を出すのはいわゆるブックメーカーのようであって、粗製品をみだりに発行するような感じがしないでもないと自ら述べているのである。さらには「一言、読書界に対して申訳するが至当であろう」として、なぜ自分が修養書を書こうとするのかということを明らかにしている。

つまり「これは雑誌『実業之日本』に掲載したものに手を入れたものである。前作は主として自己修養、すなわち自分に対する務めに重きを置いたけれども、この続編では他人に対する関係を主としていく」

「塵の世にいるのでは修養が進まないといって隠退したりする人もいるが、実は本当の修養とはそういうものではなくて、水鳥が水中に潜りながらもその羽毛は濡れないように、世の塵をかぶっていながらもなおその垢に染まらぬ心が尊いのである。だから、自分は通俗的な本に通俗的なことを書くけれども、その精神は、そういうところに人間は住まなければならないのだ、孤独の山の中に引っ込んでいるわけにいかない、世俗通俗に交じりながらも立派な心を持ち続けなければならないのだ、という趣旨で書いているのである」ということをいっている。

また、「山深く何か庵《いほり》をむすぶべき　心の中に身は隠れけり」という道歌を引いて、俗世間にあって修養をやることの意義を強調しているのである。

また、このころ新渡戸博士が個人的友人である佐伯理一郎という人に宛てた手紙が一九六九年に初めて公開されたが、その中に面白いことが書いてある。博士が第一高等学校校長という当時としては輝かしいアカデミックな地位を辞した理由が世の中でいろいろ取り沙汰された。その一つとして、実業之日本との関係で不人気になって辞めたのではないかと噂されたことがあった。しかし、博士は手紙の中で「そんなことは関係ないのだ」と否定し、弁解しているのである。わざわざこのような弁明をしなければならなかったほど、新渡戸博士が『修養』を実業之日本社から出したことは世間の批判を呼んだということなのである。

しかし、このような批判・臆測にもかかわらず、新渡戸博士はその後も修養的な本を生涯に渡って出し続けている。そうしたことからも、博士の修養というものに対する信念が少しも揺るがなかったことを示しているといえるだろう。

個人の修養を無意味にした社会・共産主義思想の広がり

新渡戸博士が亡くなったのは昭和八年（一九三三年）のことである。この年はドイツでナチス政権が成立し、アメリカではニュー・ディール政策が開始され、日本が国際連盟を脱退した年である。また国内的には、京都大学法学部教授の滝川幸辰の学説がマルクス主義的であるとしてその著書が発禁になり、滝川教授が休職を命じられたことに端を発した滝川事件が起こった。そして、新渡戸博士が亡くなったころを境に、明治・大正期を通じて続いた「修養の時代」もまた終わるのである。一大ブームとなった修養をテーマとした本が出版されることも少なくなった。

明治の末に修養が盛んに叫ばれるようになり、あたかも流行語のようになったことに対して、新渡戸博士は「日本では流行というのは十年ぐらいごとに変わるものであるから、心配なのは今後の成り行きである」とし、その後の可能性を三つ挙げている。

一つは、修養に対する反動が起こるのではないだろうかということである。豪傑肌の人間というのは修養の求めるような事細かなことをきちんと行うのを嫌がるから、そんな小型細工みたいなことは嫌だといって、本能に従うようなことを主張する考えが出てくる可能性がある。

第二は、修養というものは具体的な日々の実践にかかわることであって、極めて通俗的なものであるゆえ、どうしても理論や思想を扱う学問をする人に軽蔑されるおそれがある。その結果として、知行、つまり知ることと行いが分離するということが起こるのではないかと考えられる。

第三は、さらに修養が進んで宗教にまで進んでいく人が増えるのではないかということである。

では、実際はどうであったろうかといえば、新渡戸博士の予想は大きく外れてしまうことになった。それは社会主義、共産主義思想の世界的な広がりが大きな要因となったのである。

明治のよき時代から大正の最も栄えた時代を通じて、日本人は数多くの修養書を読んできた。また、こうした本が一般の人々の人気を集めていた。ところが、昭和の初年あたりから、もう個人的な修養などといっている場合ではないという空気が強くなってくるのである。そしてこれ以後は、個人的修養が問題にされることはほとんどなくなり、国が決めた方針にいかに適応していくか、あるいはそれに反抗するかということが大きな問題になっていくのである。個人なんて小さなものはどこかに消し飛んでしまう時代がやって来ることになったのである。

これは日本だけの話ではない。たとえば、P・G・ハマトンの『知的生活』は一八七五年ごろにイギリスで出版される。出版と同時にベストセラーとなり、その後半世紀にわたってロングセラーとなって世界中で版を重ねた。

しかし、この『知的生活』がほぼ同じころに消えてしまうのである。その背景には、ロシア革命が起き、その対抗策としてドイツにナチスが起こり、イギリスで労働党が強くなり、イタリアとスペインにファシストが起こり、アメリカでニュー・ディール政策が始まり、日本では右翼と称する左翼プログラムを持った人々が青年将校と合体して「昭和維新」という名の社会主義革命を叫んでテロ行為などをやるようになるというように、世界的な規模で社会主義、共産主義の波が押し寄せてきたという事情があった。

したがって、修養という概念は、世界的に見ても――そしてとりわけ明治以後の日本に非常に顕著なのだが――自由主義の時代に栄えたということなのである。自由主義の時代になぜ修養が重要になるかといえば、自由主義の社会においてのみ、志を立て、自分自身の向上を図ることが人生の大きな問題となり得るからである。

社会主義、全体主義の世界においては志の立てようがなく、国家の決めた道がただ一つの選択肢となってしまう。とくに当時の社会主義では失業が人間にとって最悪のことと考えられ、一〇〇パーセント就職させることこそが国家の眼目となっていた。したがって、個人には就職の自由もなく、国家の命令に従って好きも嫌いもなく働きに行くより仕方がなかったのである。そういう時代の空気の中では個人の修養など問題にはならない。結果的に、「修養」という言葉は影をひそめるような感じになってしまうのである。

私がこの現象に気づいたのは、昭和三十三年（一九五八年）にイギリスのオックスフォード大学に留学していたころのことであった。休日にロンドンに出て書店で本を見ていたところ、ジョセフ・マーフィーという人の本が積み重ねてあった。私はその本のことを知らなかったが、大分売れていそうなので買って帰った。それは大して厚くもない本だったからすぐに読んでみたのだが、そのとき、はっとひらめくものがあったのである。

私はイギリスに行く前にドイツに三年近く滞在していた。日本に帰国しないでそのままイギリスに渡ったのである。私がドイツにいたころは、まだベルリンの壁ができていなかった。だから東ドイツに行き、その様子を実際に見ることができた。そして衝撃を受けた。東西ドイツの格差があまりにも大きいことに驚いたのである。

そのとき、当時の日本で理想化されていた東ドイツの、あるいはその背後にいるソ連の実態が見えたように感じた。つまり、それらの体制は日本でいえば戦時国家体制のようなもので、そこではすべて国家が取り仕切り国民は国の命令を聞くより仕方がないのだ、ということに気づいたのである。

日本人に修養の意義を教えた中村正直の『西国立志編』

マーフィーの本に書かれていることは、東ドイツやソ連の体制の下では絶対に考えられないことばかりだった。それはつまり、個人がいかに夢を持って志を立てるかという話なのである。そのことに気づいて私が思ったのは、なるほどマーフィーはこのように志を立てることを勧めているが、ひるがえって考えてみると、これは中村正直がサミュエル・スマイルズの『セルフ・ヘルプ』を読んだときに抱いた感激に通じるものなのではないか、ということである。

幕府の昌平黌《しょうへいこう》が始まって以来の秀才といわれた青年漢学者であった中村正直は、幕府の命を受けてイギリスに渡った。イギリスの富強の理由を探ることがその目的だった。イギリスの繁栄を我が目で見た中村正直は日本との国力の差の大きさに驚き、その差がどこから来るものなのかを一所懸命に考えたがわからなかった。

そのうち幕府が崩壊したとの知らせを受け、急いで帰国することになった。すると帰国の支度をして船に乗船する直前に、イギリスで知り合った友人が「この本が今イギリスで一番読まれているものだ。読んでみろ」といって一冊の本をくれた。それがサミュエル・スマイルズの『セルフ・ヘルプ』であった。帰りの船の中でそれを読んで、中村正直は彼《ひ》我《が》の差が何によって生じたのかが初めてわかったように思った。

中村正直には『セルフ・ヘルプ』こそがイギリスを偉大にした本であるという実感があ

った。そこで繰り返し繰り返しそれを読み、船が日本に着くころにはほとんど暗記するまでになっていた。しかし、彼に留学を命じた幕府はもはやなく、将軍慶喜は静岡に引っ込んでいたため、彼は自らも静岡へ行って、その地で『セルフ・ヘルプ』を翻訳した。それが『西国立志編』というタイトルで明治四年に出版されたわけだが、その中で教えていることは、個人がそれぞれに志を立てて修養することがいかに大切かということなのである。『西国立志編』は福沢諭吉の『西洋事情』と並んで大ベストセラーとなり、明治時代にこの本を読まずに志を立てた人はいないといわれるぐらい影響力のあった本である。この本によって青年たちの心に培われた志が明治の日本の活力となり、大正デモクラシーの源となったのである。

こうした流れで修養という概念は明治・大正期の日本に普及していったのである。しかし、それはロシア革命以後、世界に左翼全体主義が広まるにつれて衰退していく。いくら個人で一所懸命に修養をやっても何もならない、すべては国家が決めるのだという思想の広まりによって、自己修養の風潮は霧散してしまったのである。

ところで、マーフィーの本は単に志を立てることとはまた別の形で「セルフ・ヘルプ」を考えようとしている。この本はもともとアメリカで出版されたものだが、マーフィーはサミュエル・スマイルズよりも近代的な形で、具体的にいえば潜在意識などのイメージを使った深層心理学までを導入して「セルフ・ヘルプ」を語っているのである。つまりこれは、修養とは徹底的に個人の努力に基づくものであるとしているのである。これが「セルフ・ヘルプ」あるいは修養をするということの意味であると気づいたとき、私には修養が自由主義のよき時代でなければ問題にならないということがよく理解できたのである。

たとえば日本でいえば、幕府の時代では非常に例外的に学問ができたために出世した人たちがひとつまみはいたが、九九パーセントぐらいの人たちは生まれたとおりの身分にしたがって生きるより仕方がなかった。ところが、明治維新によって、すべては自分の努力次第ということになった。それが『西国立志編』をベストセラーにし、その後の修養ブームを引き起こした源であると思う。

ところが昭和の全体主義の時代になると、国のいうことを聞くだけが唯一の生き方のようになってしまい、誰も自らの修養など顧みなくなったのである。つまり修養とは個人の自由意志がどれだけ保証されているかということと大きくかかわっていることになるのである。

戦後日本に修養ブームが起こらなかったのはなぜか？

しかし、個人の修養を無視することが全体主義の特徴であるとするならば、なぜ戦後の日本には新しい修養の動きが出てこなかったのだろうか。私はそういう動きがあってもよかったと思うのである。さらにいえば、本当の自由主義を取り戻すためには修養を肯定し積極的に勧める動きが出てこなければならなかったといえるのではないか。

ところが、日本にはそれがなかなか出てこなかった。アメリカではマーフィーをはじめとするたくさんの新しい型の『西国立志編』が出ているのに、日本にはそれがなかったのである。その理由ははっきりしている。それは日本のインテリ層の主流には敗戦後も左翼思想が非常に強かったことである。彼らには修養とか立志というものを通俗的なものとして見下げる感じがあったのである。

たとえば、戦後になって、戦前に刊行された『修養全集』全十二巻が最後の二巻——これは日本のいいところを非常に強調した文章が多かった——を割愛した十巻本として再版されたがほとんど話題にならなかった。戦前に日本の知識階級のほとんどすべての家の書斎に『修養全集』があるといわれていたことからすると雲泥の差である。

戦後民主主義の思想は、修養という字面のみを見てあたかもカビの生えた古臭いものとして相手にしなかったのである。あるいは、戦前のものはすべて戦争につながる悪いものであるとして、何もかもを一緒くたにして蓋を閉じてしまったのである。

いうまでもなく修養の考え方は国家主義と連なるものではない。むしろ、その対極に位置する個人の自由意志と努力に最も重きを置くものである。したがって、この考え方こそが戦後の日本に真の自由主義を根付かせるために必要であったはずなのである。

そういう思いを抱いていた私は、もう三十年も前になるが、マーフィーの本を翻訳して出版した。するとそれは思ったとおりベストセラーになり、週刊誌の四ページの特集で大きく取り上げられ、三十年経った今でもまだ売れ続けている。先に挙げた理由もあって明治・大正期のように修養ブームが訪れるまでには至らなかったが、その当時、明らかにマーフィーのような自助努力による自己実現の考え方が求められていたことは間違いないと思うのである。

新渡戸博士が『修養』に託した思い

　このように私は、留学によって『西国立志編』をはじめとする明治・大正期の修養に関する本の思想史的位置づけを自分の中で確立していったのだが、新渡戸博士の『修養』を直接的に私に勧めてくださったのは、露伴の『努力論』『修省論』を勧めてくださったのと同じ、上智大学の故神藤克彦先生であった。

　それは私が大学院生であったころのことだが、当時の私の知識によれば、新渡戸博士という方は法学博士であり、国際連盟の事務次長を務め、アメリカ人を奥さんにした大変なインテリという印象であった。また、その著作にしても『武士道』を知っていた程度だったので、新渡戸博士が露伴や加藤咄堂が書くような、あるいは講談社の『修養全集』に連なるような『修養』という本を書いていることは驚きであった。しかも、出版社が実業之日本というのも意外であった。

　しかし、実際に『修養』を読んでみると、そこには私のような状況に置かれていた者にとって非常にありがたい教えがたくさん書かれていた。「学資金なき者の立志」などは実に参考になったし、貯蓄というものに対する考え方についても、「新渡戸さんのような日本の最高の頭脳がこんなふうに考えておられたのか」と感心することが多々あり、これは一生の指針になるという数々の教訓を得た。この新渡戸博士の貯蓄論は本多静六博士の考え方と並んで今日に至るまで私が大きな恩恵を受けている教えである。

『修養』を読んでまず驚くのは、博士がこの本の中で実に多くの自身の体験を語っていることである。しかも、それはごく日常的な体験が多い。これは先に述べたように「通俗の中で修養するのが本当の修養である」という博士の考えによるものであると思う。古人は「大隠は朝市《ちょうし》に隠れ、小隠は巌藪《がんそう》に隠る」（本当に偉い仙人は町の中に隠れ、つまらない仙人は山林に隠れる）といったというが、この本を読んでいてそれがどういうことなのかがよく理解できた。

また、新渡戸博士は青年のことを思った人であった。博士は修養についての文章を雑誌「実業之日本」に連載するときに、その一つの動機を次のように挙げている。

昔、ある非常に博学の漢学者がいた。万巻の本を読んで何一つわからないものがないというほどの知識を有していた。しかし、その人には学問を活かして使う才能がなく、広く深い学問も虚しく死蔵して利用できなかった。そのうち、この偉い学者もだんだん年をとっていき、記憶力が衰え、読んだ本の内容を忘れるようになった。のみならず、見たこと、聞いたことまでもことごとく忘れ、ついには人に会ってもしばらく経てば名前も顔も呆然として忘れてしまった。最後には自分の年も忘れてしまい、人と話しても目上の人か目下の人かの差別もつかず、男でも女でも老人でも子供でも一切区別ができなくなってしまった。人々は昔偉かったこの学者をあざ笑って、忘却先生と呼んだという。

この話から新渡戸博士には感じるところがあったという。自分も非常にたくさん本を読むのだけれど、よく忘れる。忘却先生ほどの学問があるわけではないが、忘却という点においてはこの人に劣らないのではなかろうか。たとえばときどき本棚から本を抜き出してみると、その中に昔読んだときに書いたらしい批評などの書き込みがある。ところが、こんな本をいつ読んだのか、どうしてこんなによく読んだものかと自分ながら不思議に思うことがある。おいおい年をとればますますこういうことが大きくなる。自分も今、齢五十を超えようとしている。かつて見聞したことを青年たちに分かつ前に、自分が忘却先生の轍《てつ》を踏むかと思えばまことに残念である。だから、忘れないうちに毎月二回、とにかく若い人のためになるようなこと、他の人の参考になるようなことを語るのだ。それをなるべく続けていくのだ。識者が見たら笑うべきことが多いだろうし、友人たちももう少し高尚にやったらどうかと忠告するかもしれないが、私は忘却先生のことを考えて、とにかく忘れないうちに気づいたことを語っておくのである、と。

このような思いから、『修養』という膨大な、しかも当時としてはこれ以上易しいものはないと思われるような本ができあがったのである。

よく生きるために役立つ考え方を網羅した新心学の書

新渡戸博士は『修養』の中でしばしば和歌や道歌（教訓の歌）を引用している。とりわけ道歌は江戸時代の心学系統のものが多い。また、漢文では佐藤一斎の儒教系の教えから引用したり、仏教系の『菜根譚』から引用したりしている。そして西洋の本ではカーライルが多いのだが、バイブルからの引用も見られる。

このように見てみると、新渡戸博士の修養は徳川時代後期に出てきた心学と相通ずるところがあるようにも思う。心学の特徴は、神儒仏、つまり神道でも儒教でも仏教でもなんでもいいから、そこからいいものをとるということであった。博士自身はキリスト教徒、とくにクエーカー教徒であったけれども、それにとらわれることがない。儒教であろうが仏教であろうが修養のためにいいものを引用している。

そう考えると、新渡戸博士の『修養』は、日本の心学の伝統を受け継いだ新心学といってもいいのではないだろうか。引用が一つの宗派に固まっていないところは非常に注目すべき重要な点である。それが読みやすさにつながり、また、ベストセラーとなった一つの要因であろう。

これからこの『修養』を読みつつ、その意義について考えていきたいと思う。再び個人の志と努力が問われるようになりつつある今、新渡戸博士の考え方にはわれわれが今後生きていくにあたって人生の指針とするべき多くの教訓が含まれているはずである。それらに光を当て、混乱する今の時代を堂々とまた賢明に生き抜いていくための知恵を掘り起こしてみたいと思うのである。

第二章 ◎ 小さな努力で人は磨かれていく

自ら省みていさぎよしとし、いかに貧乏しても、心のうちには満足し、いかに誹謗《ひぼう》を受けても、自ら楽しみ、いかに逆境に陥っても、そのうちに幸福を感じ、感謝の念をもって世を渡ろうとする。それが、僕のここに説かんとする修養法の目的である。

（「総説」より）

修養とは自分の身を修め、自分の心を養うことである

『修養』の総説で、新渡戸博士は「修養とは何を意味するか」ということについて述べている。それによると、修養の「修」は修身の修、つまり「身を修むる意であろう」といっている。修身というのは自分の意志の力によって自分の一身を支配することである。したがって、ある意味では修身とは克己ということなのである。

また、修養の「養」というのは「心を養う」の意味である。養という字は「羊の食」と書くが、これには次のような由来があるという。

仔羊はすこぶる柔和な動物であまり知恵がないものだから、指導する者がいないと最も迷いやすい。悪にも善にもすぐに導かれてしまう。昔、墨子は白い糸を見て、こんな白い糸でも染められてしまうのだといって嘆いたというが、仔羊もこれと同様に汚れない生き物で、何色にでも染まってしまう幼稚なものの象徴とされている。

したがって、親羊だけではなく、人間までもが手伝って育ててやらなければ、完全に生育することはできない。その代わりに、懇切丁寧に養えばとてもよくなつき、かわいらし

いものである。つまり修養の養という字には、それぞれの人が生まれながらに持っている、柔和な、手荒に扱えば息の根が絶え、親切に扱えばよくなつく仔羊のような心に食物を与えて正しい道に導くという意味がある。

新渡戸博士はこのように仔羊の養育を例に修養を説明しているわけだが、実際に羊は非常に愚かな動物であって、群れをなしていても山のほうに行けば草がなくなるところまでとことこと上がって行ってしまい、放っておけば群れ全部が道に迷って死んでしまうこともある。

この点、山羊は羊と似ているようだが全く違っていて非常に利口であるという。羊は目の前でたくさんの羊が順々に殺されていっても平気な顔をしているが、山羊は自分が殺されかかっていることがわかると激しく騒ぎだす。このぐらい山羊と羊は違うものである。したがって、羊をまとめるために牧羊犬を使うところもあるし、羊の中に山羊を混ぜておくという羊の飼い方をするところもあるのである。

つまり新渡戸博士は、修養の根本的な目的とは自分を修めることであると同時に仔羊のような幼稚で愚かな心を養って横道に逸れないようにしていくことであるといっているのである。

平凡な日々をいかに過ごすか

また修養は倫理道徳に関するものだが、倫理道徳というものは純粋な理屈ではどうしても解明できないものである。カントは世界的な大哲学者で、世界の現象を理論的に説き尽くす意図で『純粋理性批判』を著したが、そのカントにしても宗教道徳のことはとても理論で説けるものではないといって『実践理性批判』を著したのである。

カントの例を挙げていることからもわかるように、新渡戸博士は倫理道徳というものは理屈では極め尽くすことのできないものであるという立場に立っている。つまり、善悪というものの区別をつける力は学問的な研究によって真理を発見するのとは違うものであるとしているのである。そして、そうした力を身につけるために、学問の研究のほかに実践的な修養が必要であるといっているのである。

この極端な例として、新渡戸博士はアメリカ旅行をしたときに訪ねた有名な精神病院で聞いた話について語っている。そこには千人近くの病人がいたが、その中の十人ぐらいは極めて利口な子供であった。学術的なことを語ると専門家でさえも舌を巻くことがあるほどで、計算をさせるとどんな複雑な計算でも学者も及ばないようなスピードで一瞬にして解いてしまうような少年もいた。

ところが、彼らには道徳観念というものが全くなく、平気で他人のものを盗むし、うそをつく。院長さんは「二十数年間、毎日そういう子供たちに接して研究してきたけれども、道徳観念と知能とは全く関係がないということがわかった」というのである。

このように倫理道徳というものは理屈の大問題ではない。われわれが毎日やらなければならない平凡な問題である。その平凡な問題と対決することが修養の常道なのである。毎日毎日平凡なことを満足にきちんと片づけるということを続けていると、一生に一度あるかなしかの大問題が起こっても自分で解決する基礎ができる。日常平凡な日々をいかに立派に過ごす工夫をするか、これが修養の根幹なのである。だから修養とは理屈ではないのだと新渡戸博士はいうわけである。

非常時にこそ日々の生き方が試される

最近、私は『戦時少年　佐々淳行』という本を読んだ。これは初代内閣安全保障室長の佐々淳行さんが少年時代の思い出を綴った自伝である。

佐々さんは私と同じ昭和五年の生まれであり、東京で大空襲を体験している。東京が空襲されるということは空前にして絶後のことであり、誰にとっても初めての体験だった。するとそこには人間の姿というものがありありと見えてくることになるのである。

たとえば、日ごろは自分は防空班長であると威張っていた人が泡を食ってなんの役にも立たなかったのに対し、ごく普通の人が実に落ち着いて行動していたと佐々さんは書いている。

佐々さんのお父さんは元は法学部の教授で毎日鉢巻きをして原稿を書いたり本ばかり読んでいたような人であったが、空襲の際には奮い立って、爆弾が落ちてくるのに怖れも慌てもせず、屋根の上にのぼって近所の人に避難や防火の指示を出したりしたという。そのかいあって、そのあたりは焼け残ったそうである。

佐々さんのお父さんは軍人ではないが、日々の生活の中で平常心を保つような心がけをしていたのであろう。他にも、佐々さんのお父さんが爆弾が何分後に落ちるか計算してくれというと、のんきな知り合いが落ち着いて計算していたという話や、それを見ていた隣家に住む独身の数学の女教師が素早く計算をしてしまったというような興味深い話が出てくる。

この女教師は大空襲で周囲が焼き払われたあとでも、一緒に住んでいた母親に「お母様、きょうの味噌汁は何にする？」と、空襲などなかったかのように平常と変わらない会話をしていたそうである。この女性なども、修養とはいわないまでも日常生活をきちんと送っていた人なのであろう。それに比べて、日ごろは景気のいいことばかりいっているような人たちに限って慌てふためいていたという。

平時でないときにこそ日ごろの心がけがはっきり出てしまうということを佐々さんはいいたいわけだが、これと同じことを新渡戸博士もいっている。

博士は、普通のときは修養のある人もない人もそんなに差は見えないかもしれないが、本当のところは、何事についても、どこにおいても、大いに違っているものなのだというのである。

ろくなえさを与えなかった仔羊でもある程度までは大きくなるし、場合によってはよい栄養を与えられた仔羊よりも成長が早いということがあるかもしれない。ところが、いよいよ毛を刈るというときになると、羊毛の品質が著しく違う。そして、食べてみると肉の味が全然違うということなのである。このように、見かけでは判断できないような違いが日々の過ごし方によってつくられていくのである。

新渡戸博士は、この羊と同じようなことを青年においても見ることがあるという。甲乙二人の青年がいて、一人はいわゆる本能を発揮して傍若無人《ぼうじゃくぶじん》な振る舞いをする。周囲からは「あいつは面白いやつだ」「変わったやつだ」「豪傑だ」といわれている。もう一人の青年は毎日細やかな心を配って修養している。そして人からは「坊主のなり損ないだ」「あんな細かいことに気を遣っているようでは偉くなれない」と陰口をたたかれている。

しかし、一旦事が起こったときはこの二人の態度は一変して、豪傑だといわれていた青年は全く役に立たず、日々修養を積んでいた青年のほうが頼りになるものである。こうしたときに、修養のあるなしがはっきりわかるものであると博士はいっているのである。

修養を思うだけで心がまえが違ってくる

この一旦事が起こったときの態度ということについて、私自身の体験にもふれてみたい。それは一九七〇年代はじめの大学紛争直後のころの話である。

紛争が終わって授業は一応落ち着きを取り戻しつつあったが、まだまだゲバのなごりをとどめ、とくに部落解放研究会のような糾弾団体が力を持っていた。あるとき、彼らが私のつくった教科書の注に文句をつけて教室まで押しかけてきたことがあった。

私は当時、水曜日と金曜日に授業を持っていたが、夏休みを除く六か月間、彼らは毎週水曜日と金曜日になると押しかけてきて授業妨害をするのである。教室の中にまで踏み込んできて、私を取り囲んで批判をするわけである。うるさくてとても授業ができる状態ではなかったから、私は黙って彼らを睨みつけて座っていた。二十分ぐらいするとようやく引き上げていくので、それから何も起こらなかったかのように授業を始めるのである。

こうしたやりとりを続けて何か月か経つと、私の授業を受講している学生たちが「出ていけ」といってくれるようになった。私が頼んだわけではない。自主的にそういう行動をとってくれたわけである。学生たちにそういわれると、彼らは教室には入れなくなる。だから今度は廊下で私を待ち構えて、私が教室に入る邪魔をするのである。私は毎回それを押し分けて教室に入って授業を行うようになった。教室に入るのに十分ぐらいかかることもあったが、私は毎回平然とそれを続けていたのである。

部落解放研究会の連中が押しかけてくるのは上智大学の中でも私のクラスだけだった。もう三十年ぐらい前のことになるが、そのときの自分を振り返ってみていささか誇りに思うのは、家に帰ってから寝室を共にする家内に、大学で私がそういう目に遭っていることをついに気づかせないまま済ませることができたことである。それは日ごろ新渡戸博士の本など、修養に関するものを読んで自分ながらに修養について考えていた成果であると思うのである。

ちょうど同じころに、同じ英語学の先生で比較的親しかった方が東京の別の大学にいた。この先生も教室の中で部落解放の連中に揚げ足をとられるような発言をして吊るし上げられてしまった。彼は自分の発言について謝罪をしたのだが、それによってかえって事態は悪化してしまった。つまり、差別教育をしている教員がいるということで、その大学がゆすりにあったのである。

その先生は私と同じぐらいの年でとても優秀な方だったが、その後さしたる業績をあげることなく終わってしまった。その先生はずいぶん勉強はしていたろうが、おそらく修養書は読んでいなかったのではないかと思うのである。私とて日々修養を心がけていたわけではないが、修養に関心があったというだけでも、いざというときの心がまえが違ってくるということなのではないだろうか。

世の中には平凡な毎日のことを軽視する風潮があるが、平凡な日常の務めを尽くすのに必要な心がけをきちんと身につけておくことが〝いざ〟というときに物をいうのである。それは英雄豪傑的な振る舞いをすることとは全く質の違うものである。自分の体を養う食べ物を一日二、三回食べることが必要であるように、自分の精神の栄養物も休みなくこれを用いることが必要なのである。これは少しでも経験ある者ならばよく知っていることで、私の経験からいっても本当のことだと思うのである。

大学紛争のときには日本中の大学が過激派学生の機嫌をとるような態度をとったが、最初に断固として大学を封鎖して過激派を追い出したのは上智大学であった。上智大学にそれができたのは修養を積んだイタリア人のイエズス会修道士が首脳部にいたからではないだろうか。イエズス会は何百年間にも渡って迫害を受けてきたから、腰が座っていたのである。

私の恩師である神父さんも、大学という場所は学者が集まっていればよいので、本当は学生はいなくてもいいのだ、というようなことを堂々とおっしゃっていた。だから、過激派学生にも一切妥協をしなかったのである。

あのときにどういう姿勢をとったかということは、その後の大学のランクを変えてしまったといえる。あえて大学名を出すが、受験界においてそれ以前は上智よりはＩＣＵのほうがずっと格上だったのに、ある時期を境にして、むしろ入試については上智のほうが難しくなった。これははっきりそういえるのである。ＩＣＵの先生を批判する意図は全くないが、数百年間に何百人も殉教したような修道会の人が学長になっている大学と、そうでない大学では違うものだなと思ったものである。

あのころの上智の神父さん方には、偉い人が何人かいたのである。全員が偉かったわけではない。中には神経衰弱になる人もいたし、日本人神父の中にはゲバ学生にしっぽを振るような人もいた。だからみんながみんなというわけではないけれど、たまたま外国人の神父さんに偉い人が何人かいたことが今日の上智大学の背骨になったような気がするのである。

かくのごとく、修養とは誰にも何にも恥じることなく人生を真直ぐに歩んでいくための態度をつくるために行うものであり、それは日々の小さなことに立ち向かう姿勢によってつくられていくものなのである。

第三章 ◎ 年齢を超越する生き方がある

凡夫と聖人とはその立てる志の内容においてこそ、高低多少の相違あれ、志を立てるというだけに至っては、二者あえて異なることはあるまい。ただ、立てた志をいよいよ遂行する時に、凡と非凡の差が明らかに現われてくる。凡夫は志は立っても、なお絶えずぐらついて動く。非凡の人は何事に会《かい》しても動かぬ。

（第二章「青年の立志」より）

1．青年とは誰のことをいうのか

差がわからないゆえに青年はおそろしい

先に述べたように新渡戸博士は修養の意義を主として青年に向けて語りかけている。ところで、この青年というのはよくいわれるところだが、いったいどういうものであるのか。博士は「青年という言葉の起こりは、そう古くないと聞いている」という。『詩経』に「青々子衿《せいせいしきん》」という句があるが、昔、書生が青色の衿の服を着たので「青衿子《せいきんし》」と呼ばれていた。青年という言葉はこれと関係があるのかもしれないが、新渡戸博士は「青々とした葉っぱを出した草花」の意味から出たのだろうと述べている。青とは春の色であって、春を青帝《せいてい》と呼ぶ古いシナの言い方もあるようである。

なぜ博士が青年を青々と発芽した草の意味と考えたかというと、発芽したときには皆青々としていて、あまり差がつかないからである。ところが花が咲くころになると、うんと差がついてしまう。そのことを詠った「緑なる　ひとつ草とぞ　春は見し　秋はいろいろの　花にぞありける」という道歌がある。

若いときはみんな青く同じ草のようなものだったけれど、秋の花咲くころになるといろいろと違った花になってしまう。これと同様に、成長すると大きな差が出てしまうのが青年というものだろうというのである。

たとえば、中学校や高校生、あるいは大学生でもいいが、教壇の上から見れば皆似たようなドングリの背比べみたいなものである。しかし、五十年も経つと大変な差になっている。

悪いことをする者もいれば、益あることをする者もいる。政治家になる者もいれば、画家になる者もいるし、音楽家になる者、商人になる者もいる。金持ちになる者、貧乏になる者、泥棒になる者、人殺しをする者と、いろいろの花になるわけである。

だから、青年というのはある意味ではおそろしいものなのである。皆同じように見えて、数十年経ってみないと差がわからないところがおそろしいのである。

加齢とともに若返るというのが本当の年の取り方である

青年のうちはほとんど差がないのに年をとるにつれて大きな差が出てくる。われわれはこのことをよく考えてみなければならない。

年を取るということはどういうことを意味するものなのか。新渡戸博士は、年を取るとは「自分の決心と実行が両々相伴って、より以上の向上発展が実現された」ものでなくてはいけないという。そういう年の取り方をしたときに初めて真の意味で年を取ったといえるのであって、ただ暦を繰り返しただけで老年といってはいけない。年を重ねるにつれて精神が若返って、老いてますます盛んというのが本当の意味での年を取ることであるというのである。

これは幸田露伴の「逆順入仙」の思想とも似ている。「逆順」とはただ自然にまかせて老いていくのに逆らって生きることであり、「入仙」とはそれによって肉体的にも精神的にもいつまでも若々しく生きていくことができる、つまり仙人の境地に入ることができるということである。この「逆順入仙」の生き方こそが新渡戸博士のいう本当の年の取り方ということになるのではないかと思うのである。

真に年を取るのと単に馬齢《ばれい》を重ねていくのとは違うのである。そして、違いを決定づけるのが「決心と実行が相伴って発展するようになるかどうか」であって、これこそ日々修養をしているかいないかの差になるわけである。

未来の理想や希望に生きる者は誰もが青年である

新渡戸博士は、伊藤博文をはじめ、井上馨、児玉源太郎、後藤新平といった明治の偉人と非常に親しい関係にあった。あるとき伊藤博文に「人が偉いというのは、何を標準として測るものでしょうか」と聞いたところ、博文は「まあ、やった仕事だろうな」と答えたという。

なるほど、と新渡戸博士は考えるのである。確かにそれは一つのものさしには違いない。社会のほうに軸足《じくあし》を置いて見れば、人の価値は仕事で測るよりしかたがないかもしれない。その測り方は社会の中での人物評定の一つのものさしとしては通用するだろう。しかし、どんな仕事をしたかで測るとなると、過去の話になってしまうのではないか。これは未来の希望の減じたものの標準であって、青年の標準となるものではない。

青年というのは、過去になした仕事よりも、将来なすべき仕事を数えて希望に富んでいるものである。青年はこれから何をやるかという夢を持ち、それをやってやろうという元気ある者でなければならない。

つまり、青年の持っている価値は社会のものさしでは測れないものである。未来に生きる人は、一つ事をやり遂げると、さらにやりたいことが出てくる。そういうことを繰り返していくことによって、老いても年を取らないのである。これに反して何かと過去を顧みたがる人は、たとえ年が若くとも青年とはいえない。

この新渡戸博士の意見は、私も十分に納得できる。私ぐらいの年になると、老《ふ》けた老けないの違いがはっきり出てくるものである。その境は六十ぐらいではないかと私は思っている。

六十前まではまだ青年の延長みたいなもので、それほどの差はつかないが、六十を過ぎると衰える者と元気な者との差が明白になってくる。そして、この差を決定づけるのも、やはり青年時代の日々の修養にあるというのが博士の考え方である。

事実、新渡戸博士自身は、亡くなる寸前まで国内的にも国際的にも活躍し続けた。亡くなられた年にはカリフォルニア大学から名誉博士を受けて、『内観外望』という本も出しておられる。日本人移民を制限する排日法の成立や満洲問題などをめぐって日米関係が悪化していた時期なので、アメリカとの外交修復に関する論文を書いたり、講演会をしたり、活発に活動されていた。

博士が『修養』を出版したのは四十九歳のときで、亡くなられたのは七十二歳のときである。当時は五十歳定年の時代だから、四十九歳といえばそろそろ老いていく時期なのだが、博士は『修養』を書いたのち、まだ二十三年も精力的な活動を続けておられるのである。

当時の博士にしてみれば、まさにこれからいろいろな仕事をやろうというときで、年を取るごとに若返るというのは身をもって実感されていたことなのであろう。まさに人の老若を決めるものさしは年齢だけではない、これからなすべき仕事があるかないか、それが多いか少ないかで定めるべきであるという気持ちであったのだろう。

過去の業績を自慢する人はすでに老いた人である

過去にやった仕事を数えるようになったら年を取った証拠なのである。青年というのは、これからしようとする理想に富んでいるものでなければならない。ところが、多くの人はしばしば過去に何をやったかを数えようとするものである。

私は京都大学教授で哲学者の田中美知太郎先生の晩年に何度か親しくお話しする機会があった。田中先生は旧制高校の出身ではないため京都大学の正科には入れずに、選科という、授業は受けられるが正科の学生とは差をつけられるような立場にあった。そのため、戦前は京都大学の教授にはなれなかった。

しかし、それにめげることなく戦争中も徹底的に哲学の勉強、ギリシャ語の勉強をなさっていた。すると戦争が終わると、京都大学で古代ギリシャ哲学を教えられる人は田中先生の他にはいないということになって哲学の教授に抜擢されたのだという。そして、のちには日本文化会議の議長になられ、文化勲章も授けられたのである。

その田中先生がおっしゃるのは、京都大学の文学部の教授会でも、三高・京都大学に入ったことだけが唯一の自慢という人がたくさんいた、ということである。なんの業績もなければ、これからの業績も全然考えられないような人たちが、自分は三高を出て京大に入ったのだということを手柄話のように自慢していたというのである。

こういう人は大学の世界では意外に多いものである。哲学者の木田元さんは、私が旧制鶴岡中学の最後の年に在学していたころ、同じ鶴岡にあった高等農林という専門学校におられ、この農専から東北大に進まれた方である。この木田さんも東北大には旧制高校から来た人たちと自分たちを差別する先生がいたということを書いている。

その先生は一高を出ていてプライドが高く、山形県立農林専門学校のような〝わけのわからない学校〟の出身者は相手にしないというのである。ゼミで会ってあいさつをしても無視され、天気の話すらしてもらえなかったという。結局、そういう先生は、おれは天下の一高を出たのだというのが唯一の自慢で、別に業績があるわけではないのである。

新渡戸博士にいわせれば、こういう人たちは青年の部類には入らないことになる。いくら業績があっても過去の業績を数えるしか能がないようでは青年ではないのである。これから何をやるかを考えるのが青年なのだといっているわけである。

このあたりのことになると、青年にいっているのか、定年に近い人にいっているのかわからないようなところもあるが、その後二十何年間も国際的に活躍される博士にしてみれば、自分はまだまだ青年だという気持ちが強くあって、こういうことを書かれたのではないかとも思うのである。そして、博士のいうことは「まさにそのとおり」というのが、私の実感でもある。

男はいい意味で「子供らしさ」があるのがいい

現代の日本ではこういうことはないかもしれないが、新渡戸博士が『修養』を書いていた当時の日本の若者の間では老人ぶることがはやっていたという。そういう風潮を目にして、シナやコリアなどに比べればまだ日本はそれほどではないにしろ、いずれにしても若者が老人ぶるのは弊害であると博士は考えていた。

まだ少年であるにもかかわらず、思想まで老年らしくなったりする若者を博士は「若老人」とか「若朽《じゃっきゅう》」と呼び、せっかく伸びる時期にあるのに中途で悪固《わるかた》まりに固まり、盆栽の松みたいになってしまっていると嘆いている。そして、佐藤一斎の「身に老少あり、しかして心に老少なし、気に老少あり、しかして理に老少なし、すべからくよく老少なきの心をとり、もって老少なきの理を体すべし」（人間の体には老いと少壮の別はあっても、心には老少はない。体の働きには老少があるけれど、知力には老少はない。だから、すべからく老少の差のない心を心としていかなければならない。老少の差がないような知を身につけなければいけない）という言葉を引用して、青年のあるべき姿を教えている。

当時の日本の青年と欧米の青年を比べると、西洋人は概してのびのびとして無邪気なところがあると博士は指摘している。これは今でもその傾向があるように思う。西洋人には〝ひねこびた〟ところが少ない。だから白髪の老人でも少年と一緒に楽しそうに野球をやったりしている。

それに比べると当時の日本の老人は、待合で芸者を抱えて酒を飲みながら小唄でも歌うとか、静かに隠居して世間から離れる人が多かった。また、従来の習慣に反した新しいことをいおうとすると、すべて書生論として片づけられるおそれがあったし、新しい考えをなかなか聞き入れてもらえなかった。その点、西洋人はいい意味での子供らしさを持っていると博士は観察しているのである。

この「子供らしい」という言葉には二種類ある。英語でいうならばChildish（チャイルディッシュ）とChildlike（チャイルドライク）、ドイツ語ではKindish（キンディッシュ）とKindlich（キントリッヒ）である。前者は悪い意味の「子供っぽい」という意味であり、後者はいい意味の「子供らしい」である。

日本の青年たちはとかく老成したがるが、西洋人のいい意味の子供らしさを学べばいいのではないかというのである。新渡戸博士は『修養』では青年男子を念頭において書いているわけだが、ここではひとことでいえば、いい意味での子供っぽさを持ったような男であれということを教えているように思う。

初めてヨーロッパに行ったとき、私はおばあさんがダンスパーティーで踊っているのを見て、「年甲斐もないな」とあまりいい感じを持たなかった。しかしそれに慣れてくると、無邪気なのはなかなかいいものだなと思うようになった。

また、私が観察したところでは、とくに偉い男にはどこか子供っぽいところがあるように思うのである。ひねこびたところの少ない、いい意味の子供らしさがあるような気がする。いい男は年を取っても子供らしさがあり、いい女というのは年を取ると取らないにかかわらず母親らしさが強いというのが私の観察である。

ただし、子供らしさがいいからといって青年は無礼でかまわないということではない。シンプルであれといっても、それは頭が単細胞であっていいという意味ではない。淡白で、すねたところがなく、ひがまないことが大切なのである。単細胞のシンプルとは意味が違うから誤解してはならないということも博士はつけ加えている。

元気の無駄遣いをすると必ず後悔するときがやってくる

さらに青年にとって重要なことは、元気（エネルギー）に富むことである。それが青年らしさというものであって、元気のないものは若年にして既に老朽である。お金をなくしても働けば得られるし、名誉を損ねた場合でも回復することができるけれど、勇気を失った青年はどうしようもないとゲーテが教えているとおりである。だから、元気というエネルギーは節約して使わなければならない。

このエネルギーの節約ということについて、新渡戸博士は『修養』の中で具体的に何であるかと明らかに示しているわけではないが、前後関係からわかるのはこういうことである。つまり、当時の青年たちは、しばしば女郎屋に行ったのである。そういうことに対して、元気を貯蓄せよ、馬鹿なまねはするな、放蕩はするな、といっているのである。

こうしたことはわれわれの時代でもあったことである。私は大学の寮に入っていたが、土曜日になると門限が遅いこともあって、「新宿二丁目に行ってちょっと買ってくるよ」といって出かける級友もいた。こういうことは戦前の学生ならなおさらのことで、ほとんど皆がそれをやっていただろう。鷗外のような堅物でも『ヰタ・セクスアリス』を読めば例外ではないことがわかる。だから、博士もわざわざ女郎という言葉を使わなかったのであろう。

元気であることはいいことだが、その使い道を誤ると、それは自然というものに対して借金をするようなものであって、必ず返さなければならない。それもただ返すだけではなくて、高い利息をつけて返さなければならないことになる。これはつまり、エネルギーを無駄に消耗して、早く青年期が終わってしまうということなのである。ゆえに元気は節約し、貯蓄しなければならないと博士はいうのである。

また、新渡戸博士の知っている有力な実業家は、自分は非常に歯が丈夫なので石でも噛めるといって石をガリガリ噛んで元気を誇示したが、その後会ってみると、総入れ歯になっていたという。こういうのは馬鹿げた元気、一種のカラ元気であって、自然に反したことである。人間の歯は石を噛むようにはできていないのだから、このような無茶な行為は自然に対して借金をすることなのである。それはどっちみち利息をつけて返さなければならなくなるのが道理である。

青年時代というのは大きく伸びる時期である。草でも木でも花が咲くときはうるわしく盛んだが、その一方では虫がつきやすく風雨に最も侵されやすい。これと同じように、青年時代は最も愉快であるとともに、最も危険なときであるということを忘れてはいけない。そうした危険から身を守るには慎みを忘れないことが第一である。要するに修養の道を歩むことが大切なのである。

2．志を持ち続けるために必要なこと

「十有五にして学に志す」は正しい

新渡戸博士は、『論語』の中にある「十有五にして学に志す」という有名な言葉を取り上げて立志の時期について論じている。昔の人で十五といえば決して子供ではないから、孔子がとりわけ早熟の人であったわけではない。つまり、とりわけ早熟でなくても孔子の立志を手本にすることはできるのである。

今、十五歳といえば、中学を卒業して高校に入るころである。そう考えると、今の子供たちにとっても十五は志を立てるのに特別早い時期とはいえない。確かにそのころは人間の志が決まってくるときである。

私も、十五歳前後というのは立志にとって非常に重要な時期であると思っている。私は英語の教師をしていたから英語を例にいうが、中学三年生、あるいは高校に入った子供で、

将来どういう志を持っているかによって英語の勉強の仕方が違ってくるのである。

将来留学して向こうの大学で学位を取ってやろうとか国際的な舞台で活躍しようなどと志を立てた子供は、初等英会話では我慢できなくなってくるのである。やっかいではあっても、文法の骨格を把握して英作文ができるようになろうとするし、複雑な文章でも隅々まで理解することに興味を持つものである。

一方、志のない人間は、なぜそんなことをする必要があるのかがわからないから、「英語はつまらない」というのである。だから私は従来から、中学の終わりか高校に入ったあたりまでに、将来の志のあるなしで英語教育は少なくとも二つぐらいのコースに分けなければだめだと主張しているのである。これはおそらく他の学科でも同じことがいえるのではないかと思う。

志を不動のものにするために「仕事の本質」を見よ

ただし問題は、志を立てたものの、それがぐらつくかぐらつかないかということであって、ここがまた修養のしどころということになる。新渡戸博士の時代の青年にとっての志の対象は「軍人になりたい」「大臣になりたい」「実業家になりたい」というものが多かった。しかし、それは確かな動機があってというより、それらのいいところばかり見てなんとなく憧れるということが多かったのである。

軍人ならば、凱旋する将軍を見て憧れるのである。私が子供のころに「勲章下げて、剣下げて、お馬に乗ってハイドウドウ」という童謡があったが、勲章をたくさんつけて、剣を下げて、馬に乗って歩く軍人はそれは格好のいいものである。だから、当時の青年たちが軍人になりたいという志を立てるのはよくわかる。

それから、当時の大臣は威張っていたし、また当時は貧富の差が大きくて実業家というのは大金持ちであったから、自分もそうなりたいと思う青年は多かったことだろう。

しかし、これらはいい面ばかりを見ているのであって、志をしっかりしたものにするには、そうではない面も考えなければいけないと新渡戸博士はいうのである。

軍人ならば、まず戦場に行くことを考えなければならないし、政治家となったら昼も夜もなく会議に追われることもあるだろう。今ならば選挙も大変である。実業家も、うまく行けば儲かることもあるかもしれないが、失敗して倒産して無一文になることもある。

学者になるといっても、人が寝るとき寝ているようではお話にならない。このように光明ばかり見るのではなく、その裏にあるものをしっかり見なければならないということなのである。それを見て、そこまでやろうというだけの覚悟ができているかどうかで、志がしっかりしたものになるか尻すぼみに終わってしまうかが決まってくるわけである。

志というのは憧れがきっかけとなるものだから、光るところを見てしまうのは自然の情というものだが、光るところだけを見ていると、そこに到達するまでに挫けてしまうことが多いのである。軍人、実業家、政治家、学者となりたいものはいろいろあるにしても、それを志した理由を正直に考えると、それ自体よりはそこに付帯している名誉や利益を目標にしている場合が多いのではないか。それではなかなか志を実現することはできないと博士はいうのである。

軍人を志すのであれば、「おれは国を守りたい、そのためには命を賭してでも働くのだ」というのが本当の志というものであるべきなのだが、うまく生き残って、勲章を下げて、剣を下げて、立派な馬に乗って凱旋するのだというような形にばかり憧れるということがある。

政治家は、国の繁栄と国民の安定のために働かなくてはならないのに、政治家になると献金がたくさんもらえるといった付帯物に目を置くことがある。

実業家を志すときでも、有用な産業を起こしたり商売をやって社会に貢献し、従業員と家族を養うのが目的となるべきなのに、銀座のバーで派手に金を使えるような身分になりたいということに憧れる場合もある。

立志のときに一番気をつけなければならないのは、このような本分を忘れてそれに付随するピカピカしているところだけに憧れることである。志を立てるときには仕事そのものを第一の目的として、付帯物にあまり目を向けてはいけないと博士はいう。

また新渡戸博士は、志のその背後には必ず人間以上のものがあることを忘れるなといっている。キリストでも、世尊でも阿弥陀様でも、八百万の神でもかまわないが、人間以上のものがあるということを認めて、それと関係を結ぶことを考えることが大切であるというのである。

すなわち、自分の信ずる宗教がなんであれ、自分の中でそれと相談して理想をつくることが重要だといっているのである。

西郷南洲は「人を相手にせず天を相手とせよ。天を相手として己を尽くし、人をとがめず我が誠の足らざるを尋《たず》ぬべし」といい、また「命もいらず、名もいらず、官位も、金もいらぬ人は、始末に困る者なり。この始末に困る人ならでは、艱難をともにして、国家の大業は成し得られぬなり」ともいっているが、博士は、この始末に困るような人こそ天を相手にできる人なのであるといい、こうした考え方を立志の根本に置けば決して間違うことはないとアドバイスを送るのである。

3. 一生の職業をどのように見つけるか

適性による職業選択と偶然による職業選択

「いかなる職業を選択するのがよいか、ということについて、今日の青年はすこぶる惑う者が多い」と新渡戸博士はいう。

職業の問題が青年にとっての大問題であることは、今も昔も変わらないのである。職業といえばまだ修学中の青年学生には縁遠いものに思われがちだが、学問をするというのも最終的には職業につくために必要な知識を得るという面がある。そう考えると職業の選択とは学問の選択ということにもなり、狭い意味で志を立てるために大変に重要なものになってくるのである。

この職業の選択ということに対して新渡戸博士は適性というものを非常に重視し、「青年自身の性質と嗜好」によって決めるのが一番であると述べておられる。

もちろんこれに反対する意見も存在する。性質や嗜好といったものは職業の選択に必要な条件であろうが、それがすべてではないし、たとえ性質や嗜好がある職業に適当しなくても、刻苦精励すればいつかは上達し成功するという説もある。そうした意見があることを挙げつつも、博士は適性というものを重視しているのである。

私も職業選択についての考え方には二つあると思う。一方に新渡戸博士のような適性重視派があり、他方に刻苦精励すれば偶然についた職業でも成功することもあるとする刻苦精励派がある。後者の説の代表は、本多静六博士である。

本多博士は少年時代、お金がなくて進学できそうもないというときに、書生をしていた家の主人から「月謝をとらない学校ができたぞ」と教えられて、全く関心のなかった林学の勉強をし、後に日本の林学の大家となって国立公園の大半を造られた。まさに偶然についた仕事で成功されたのである。

また、秋山真之は本当は文学部志望だった。しかし普通の大学に行く金がなく、あまり気が進まなかった海軍兵学校に進んで海軍軍人になったところ、天才的な参謀になり日本を日露戦争の勝利に導いた。

このように、適性がなくても成功する例も確かにあるのである。私は、どちらかといえば、よほど図抜けた才能の持ち主以外は偶然の導きにしたがって職業を決めてもいいのではないかという考えに傾いている。もちろん、適性を活かせるような環境が整えられているならば、これが一番理想のケースではある。

なぜ新渡戸博士が適性重視になったかというと、それは自らの体験によるものである。新渡戸博士は最初、北海道の札幌農学校に入って農学を勉強した。農学を修めた動機は、士族だった祖父と父が「ご一新」のあとで青森県三本木の開墾事業に加わり、そこで農業を始めたことによる。明治天皇が東北御巡幸の折、わざわざ開墾地の家に立ち寄られ、祖父たちの仕事ぶりを褒めてくれた。それに感激して、自分も先代の跡を継いで農業をやろうと農学を志したわけである。それが親孝行にもなると思っていたのである。

ところが、もともと適性が低いこともあってか、農学だけ勉強していても十分に満足できない。そこで札幌から東京へ出てきて東大に入り、農学を選ばずに農政や農業経済のような理論的な勉強を始めるのである。結局、農業経済を専門に学び、ドイツ留学時も農業経済で博士になった。そこから後に法律とのかかわりが出てきて、法学博士にまでなったのである。国際連盟で活躍するのは、この法学の知識が買われてのことだった。

新渡戸博士は語学ができたし、また法律・経済系の特別の才能があったのだろう。だから、いくら農学を一所懸命勉強しても飽き足らなかったのである。自らがそういう傾向を持っている人は、どちらかというと「自分の好きな道に行きなさい」とアドバイスしたがるように思う。

私も、そういう才能のある人になら、その適性を活かすことを勧める。しかし、現実には大部分の人はそううまくはいかないということではないだろうか。そういう人は偶然の導きを活かしていくことも大切であろうと私は思うのである。

適性ある仕事に転じることによって成功した二人の青年

新渡戸博士は職業選択において適性が最も重要だということの例をいくつか挙げている。たとえば、次のようなことが身近にあったというのである。

博士の知り合いで、自分は商売が合っていると思うけれど、それでは品が悪いからと人品を養うためにキリスト教の学校に入って、そのまま牧師になった人がいる。ところが、その人は「冷酷である、同情心がない」といわれ牧師としては評判がよくなかった。

そこで博士が「不適当な牧師になるよりも、涙のいらない商人になるほうがよいのではないか。君は悪いことはしないから、商人としては世間から認められるだろう」とアドバイスをしたところ、それにしたがって牧師から商人に転じて成功を収め、評判も大変よくなったという。

また、方針を変じて成功した青年の例もある。新渡戸博士が札幌農学校に勤めていたときに、会ったこともない青年が家に訪ねて来て「ぜひ先生のもとにご厄介になりたい」と頼んできた。

その青年の語るには「自分は釧路の者だが、師範学校の試験を受けたが落ちてしまった。自分は釧路を出るときに必ず及第するといってきたのだけれど、落第したからには帰るに帰れない。また、帰る準備もしていなかった。そこで先生のお宅の玄関番でもさせてもらえないだろうか」というのである。当時は偉い人の家には書生を置くという習慣があったので、この青年も書生にしてもらえないかといってきたわけである。

博士の見たところ、この青年は学問で身を立てるようなタイプではない。しかし、多少は役に立ちそうだから場合によっては置いてやってもいいだろうと、奥さんに相談すると、奥さんも「悪いような人ではなさそうです」という。そこで、家にはすでに書生もいるのでこれ以上置くわけにいかないが、旅費がないのは気の毒だから一週間置いてあげることにし、青年には「早速手紙を出して電報為替ででも帰国の旅費を家から送ってもらいなさい」といった。

すると青年は翌朝早くから起きて薪を割ったり庭を掃除したりして、骨身を惜しまず実によく働く。「感心なやつだ。これは普通の書生とは違うな」と思ったが、「慣れてくれば少し横着になるだろう」と見ていたら、いつまで経っても仕事ぶりが変わらない。ところが、一週間が経っても郷里からは金どころか返事の一通も送られてこない。結局、青年はずるずるとそのまま居ついてしまった。

その青年はよく働くだけではなく、よく勉強もした。やがて次の受験期が来て、今度は絶対大丈夫だといって青年は出かけていった。しかし博士の目には、あの頭ではどうも難しいのではないかと見える。試験を受けたあと「今度はどうだった」と尋ねると、「今度は大丈夫です」と意気昂然《こうぜん》としていうのだが、気になって知り合いの師範学校の試験官に問い合わせてみると、思ったとおり「だめです」という返事だった。

ところが、試験発表があると下から二番目で合格していた。どうやら試験管が手心を加えて補欠で入れてくれたらしい。ただし、補欠というのは正式の入学ではなく仮入学であって、三か月ぐらい通ってみてついてこられるようなら本合格にするというものであった。

そうしたところ、三か月経ったらあえなく落第してしまった。

それで「君は普通の机の上の勉強には向かないよ」と忠告したところ、さすがにこの青年もいうことを聞いた。そこで博士が勧めて短期の養蚕《ようさん》練習所に入れて蚕を飼う実技を習わせたところ、最優等生で卒業した。その後、札幌農学校の実科に入学したが、これも優等で卒業した。そして、某実業学校の先生になって高等官になったというのである。

この青年の場合は机の上の学問よりは実技の勉強のほうに適性があったということなのである。このように方針を転じて成功している例もあるということである。「この実際談によってみても、職業の選択が、その嗜好性質に適したものでなければならぬことは明白であると思う。彼がなお師範学校を志願していたら、恐らく今日の立身を見ることができなかったであろう」と博士はいうのである。

悪平等が子供の可能性をつぶしている

このような適性というものは確かにあるものだと私も思う。しかし、現在はそうした適性を伸ばす環境がなくなってしまっているのではないかとも思うのである。それは日教組などが中心になって「十五歳の春は泣かせまい」とばかり、高等学校全入学にしてしまったことに問題があると私は考えている。

さらにいえば、実業高校や商業高校をあたかも下に見て、子供たちを普通科高校に進学させることを推し進めたことが問題であった。普通科高校に進学することが子供にとっていいことなのだと勝手に決め付けてしまったのである。

ところが、実際には普通科の授業に向かない子供は多い。高等学校の学問というのは相当高度であり、また抽象的でもある。それに面白みを感じることができない子供は当然授業についていけなくなってしまい、多くが中退してしまうことになるのである。そうした子供たちは、むしろ、この例にある青年のように実技に向いていたのかもしれない。実業学校に進んでいれば、その適性を伸ばせたかもしれない。おかしな平等意識がそういう可能性をみすみす摘むことになっているのではないか。

子供たちの中には手足を動かすことと結びつく仕事に向いている人間がたくさんいるはずである。それが親や社会からの圧力で、猫も杓子も普通科高校に進むというのは悲劇というしかない。

中学の英語もよくわからないのに、あるいは因数分解もできないのに、高等学校の英語や数学の授業についていけるわけはないのである。だから、毎年十万人以上の高等学校中退者が出るわけである。十万人というと、生徒が千人いる高等学校——相当大きな高等学校である——百校分に相当する。それほどの数の生徒が中途退学しているわけなのだから、これはおそるべき数字である。

このような現象を招いてしまったのは、画一的な平等のみを追求し、一人一人の子供の適性というものに目を向けてこなかった戦後教育のあり方に大きな原因があるように思うのである。

実は私の身近にも、その一つの例がある。私の知り合いに全然勉強がだめだという子供がいた。しかし、親は見栄もあったのか彼を一般大学に進学させた。ところが、大学の英語のテストでカンニングをやって捕まってしまったのである。捕まえた教授がたまたま私の教え子だったので、そのことを教えてくれた。

結局、彼は落第してしまい、私が職を紹介して勤めに出したのだが、なかなか合わずに辞めてしまう。試行錯誤の末、四十近くになって老人施設の介護士の資格をとって介護の仕事についたのだが、その水が合ったようで生き生きと働き始めた。介護士には女性が多いため、体が大きく力がある彼は重宝されて、職場の人気者になってしまったのである。

初めからその方面に勤めていれば、彼の人生はどうであったろうか。彼は不向きな学校に入った時間を含めて二十五年間ぐらいを無駄にしていることになる。その間、彼にとって人生はずっとギクシャクとした不愉快なものだったのである。彼は机の上の勉強には向いていなかったが、体を動かすことには向いていた。そのことに親が早く気づいていれば、こんなに回り道をしなくてもよかったはずである。彼の例のように、普通の大学に進学させたいという親の虚栄というものが子供の適性を損ねているということが、世の中には実に多いように思う。

世の中は今大きな変化の時代を迎えている。これからは大銀行に入れば一生涯安泰というようなことはなくなるだろう。そういう就職状況の変化に伴って、高等学校全入といっても、一律に同じ勉強をさせるというのではなく、勉強よりも手足を動かすことを好む子供たちの学校をたくさんつくることが必要になってくるかもしれない。相変わらず大半の親はそういう学校には子供を進めたくないと思うかもしれないが、まずそういう虚栄心を捨てなければならない。それが子供の適性を伸ばすということにつながり、新渡戸博士の指し示すような職業選択が可能になると思うのである。

人間として磨かれるならば誰をも納得させることができる

新渡戸博士はたくさんの事例を挙げながら話を進めていくので、その主張するところが具体的でわかりやすく、また読みやすい。その一つの例として、自分の息子にどのように学問を選ばせたかということについて書いている。

あるとき博士は子供から「私がどのような学問を選ぶことを望まれますか」と尋ねられるのである。それに対して博士は「おまえの好きなものを選べばいいし、歴史に名前を残そうというような野心は要らない。けれども、どんな狭い地面でもいいから、そこに名前が刻まれるような人間になってもらいたい」と答える。

つまり、ある農場なら農場で、ある工場なら工場で、実質的な仕事をした人間としてそこに名前が残るような人間になってもらいたいというわけである。これを博士は「名を歴史よりは地理に刻め」という言い方をしている。

当時のことでもあり、新渡戸博士は「詩をつくるよりも田をつくれ」という考えを持っておられた。日本の殖産興業に資するのが最も大切であり、実務なら二流三流でもお国のためにも社会のためにもなる。人文系の二流の人物になって星や菫《すみれ》の詩をつくるよりは田んぼの草でも取ったほうがよほどいい。むしろ草取りをしながら星を見、菫を愛したほうがいいというわけである。

これは明治のころの日本人の実感であると思う。西洋を見た日本人は、日本がフィジカルな実務の面で遥かに遅れていることを痛感していたがゆえに、早く工業や農業のレベルを先進国に近づけるべきであるという考えが強かったのである。これは十分に理解できる。

意外なことには、当時東大で英文学を教えていたラフカディオ・ハーン、すなわち小泉八雲も同じようなことをいっている。八雲はすばらしい英文学の講義をしていたが、個人的に学生たちに宛てた手紙の中では、日本人は英文学のような文学を読むよりは船や鉄をつくったほうがいいと書いている。

今の日本は欧米諸国に追いつき、あるいは追い越した部分もあるから、必ずしも実学尊重に偏ることもないと思うのだが、「名を歴史よりは地理に刻め」という新渡戸博士の言葉や八雲の手紙には明治の精神がよく表現されているように感じる。

ところで、新渡戸博士は自らの考え方を伝えただけで将来の選択はすべて子供自身に任せたわけだが、現実には親の希望と子供の希望が合わないことはよくある。とくに昔は、親は子供を医者にしたいのだが子供は文学をやりたいというようなことがしばしばあった。そういうときはどうすればいいのか。博士は、このような場合、「原則としては未来は青年のものなのだから、親の意見よりは自分の希望する道を進むべきである」という。ただ、そうするためには親が納得するような人間になることが大切である、と忠告するのである。

たとえば親が農家で子供に農業を継がせたい。本人は農業をやりたくない。医者になりたい、あるいは役人になりたいという希望を持っている。そういう場合は、一所懸命に勉強して旧制中学で優等生になればいい。そこまで行けば、親も「好きにしろ」というようになるだろう。

だから、親の意見と自分の意見が違うときは、基本的には青年が自分の志を大切にするほうが重要だけれども、代わりに親を納得させるぐらい立派になってやれというのが新渡戸博士の教える知恵なのである。

これと同様の親子対立の問題で、さらに深刻なものに宗教の問題がある。明治のころは子供がキリスト教に入信したいというので親が困惑することがよくあった。これについては西郷隆盛の弟の西郷従道がこういうことをいっている。西郷さんは、自分はキリスト教は嫌いだが新島襄のようなキリスト教徒は好きだというのである。新島襄という人は実に立派なキリスト教徒であると同時に、誰が見ても一点非のうちどころのない愛国者でもあった。それに西郷さんをも感心させるような武士的魂を持っていた。だから「キリスト教徒といっても親の前で十字を切ったり讃美歌を歌う必要はない。それは心の中だけですればいいことであって、あなたが立派な人間になって親が納得するような修養をしなさい」という実践的な忠告を与えている。

これは西郷さんのアドバイスだが、新渡戸博士がこういう相談を受けても同じように忠告したのではないだろうか。学問にしろ、職業にしろ、宗教にしろ、そこで自分が修養を積んで、人間として磨かれるならば誰をも納得させることができるということなのである。

不足は工夫を生み、志を強くするもとになる

新渡戸博士は、金のない人間はどのように志を立てたらいいのかということについても考えを述べている。昔は収入の少ない家が多く、学校の授業料というのは非常に重いもの

であった。今ならばアルバイトがあるが、昔はアルバイトで稼ぐ口もあまりなかったのである。

新渡戸博士自身も青年時代、学資の工面では苦労したことがあるという。新渡戸青年は札幌農学校を卒業したあと、官吏になる。開拓使庁で開拓使御用係を務めたり、農商務省で御用係を務めたりしていた。ところがどうしてもまた勉強がしたくなって、官吏の職を辞して東大に入るのである。このときはすでに家庭もあり、自活し得るだけの給料ももらっていたのに、仕事を辞めて大学に行こうというわけである。これは人の世話になるわけにはいかないと、新渡戸青年は匿名で雑誌に記事を投稿したり、私立学校で授業をしたりして学資を稼いだのである。

当時、新渡戸青年は外山正一という、のちに東大総長ともなる有名な先生についてスペンサーの社会学の講義を受けていた。そこで使う教科書の値段は四円で、当時としてはずいぶん高価なものであった。買いたくてもお金がない。そこで大学の図書館に行って、授業に使う分を十枚ずつ筆記して、それを持っていって授業を聞いた。しかし、そういう苦労をしたものだから、かえって成績は他の学生よりもよかったという。

だから博士はいうのである。志を立てるときに資金が足りないことを心配するな。「必要は発明の母」であって、必要に迫られれば工夫をする。工夫すれば道は開けるものである。また、そういう工夫をすることが何よりの学問なのである。お金がなくてもその欠乏に苦労して打ち勝てば、苦労している分だけ志は強くなる。そしてさらに一段の工夫、錬磨をするのである、と。

これは私自身も体験したことである。私が大学に入るとき、両親はすでに六十を越えており、加えて父親は失業をしていた。田舎だから食うことと住むところには困らなかったが、家に現金がない。そのため、大学に入ったはいいが、お金が足りなかった。実際に私が親から出してもらった金は入学金と一年分の授業料および一年分の生活費だけであった。あとは全部、自分で苦労して都合したのである。

入学したときに、すでに二年目からはお金がないということがわかっていたため、私は自らの志を固めるために毎朝五時十五分前に起きて、皆が寝ているときに水をかぶった。それを毎日休みなく続けたのである。振り返ってみると、大学を卒業するまでは不安の連続であったが、苦労しただけ志がますます固くなったというのは確かにそのとおりであったと思う。

私は鶴岡から東京の大学に出てきたわけだが、経済的な理由で東京には行けないといっていた鶴岡の同級生で、私よりも経済的に恵まれない者はいなかった。いくら経済的に恵まれていなかったとしても、私よりはまだましだったのである。そういう環境のもと、私が東京に出て、しかも学資や生活費の工面をしながら学問を続けることができた理由は、向学心が人より強かったということ、たったそれだけのことでしかない。

しかし、それがあったからこそ、私は苦しい状況を乗り越えることができた。そして長い目で見ると、そうやって苦労して学問を続けたことは、その後の私の人生に大きな自信となってくれたように思うのである。新渡戸博士のいうように、確かに苦労は志を強固なものにし、人に工夫を教え、その心身を磨いてくれるのである。

あとになってみると苦労は悪いものではない

先にも述べたが、哲学者の木田元さんは私の中学生時代に同じ鶴岡におられたことがあった。この木田さんが『闇屋になりそこねた哲学者』という本を最近出版された。

木田さんはお父さんが満洲で官吏をしていた。ご本人は海軍兵学校に入り、ちょうど一年生のときに終戦を迎えた。学校は廃校になってしまったが、家族は満洲にいたから帰る場所がない。一時教官のところにお世話になったが、その後、東京・上野の地下道で浮浪者たちと一緒に暮らすことになった。

そのときに闇屋に見出されて闇商売をしていたところ、知り合いが生きていることがわかりそこに身を寄せるが、その後、遠い親類が山形にいると聞いて訪ねて行く。そのうち、お母さんと二人のお姉さん、弟さんが引き揚げてきて、お母さんの郷里の鶴岡で家族五人で暮らすことになるのである。

しかし住むところは定まったものの、誰も働く能力がない。そこで木田さんは湯田川という鶴岡の近くの田舎の村で小学校の代用教員を始めることになる（ちなみにのちに木田さんの後任教師となるのが藤沢周平である）。

しかし代用教員だけでは食えないので、闇屋の経験を生かして闇米を運ぶなどして何か月か食えるだけのお金を儲けて、自分はできたばかりの山形県立農林専門学校に入ったのである。新設でしかも農林学校だったから、望んでいたような学問が受けられるわけではなかったが、いい友だちができた。鶴岡の大地主の一族であったその友人の父親はドイツ文学者であり、蔵書家でもあったので、その家の蔵に行って本を借りて読ませてもらっていた。

そのうちシベリアに抑留されていた父親が復員してきた。家族を養う義務からようやく解放された木田さんは、読書にのめり込み、そこでハイデガーの『存在と時間』に出会う。何が書かれているかわからなかったが強く興味を引かれ、哲学を学ぶために東北大学を受けることにした。東北大学はユニークな大学で、他の国立大学とは違って例外的に旧制高校出身者でなくとも入学できたのである。専門学校からも行けるし、女子も入れるというところであった。

また、そういう人たちを入れるので、入学試験には語学が一つしかなかった（他の大学は必ず英語に加えてドイツ語かフランス語が受験科目にあった）。それで英語を必死に勉強して入学したのだが、ドイツ語を全然知らないのではじめのうち授業がよくわからなかった。そこで今度は朝から晩まで徹底的にドイツ語の勉強をし、そのかいあって最後には東北大学の特別研究生にまでなったのである。

他の旧制高校から来た人たちが、「大学に入ったのだから麻雀でも覚えるか」といって遊んでいるのを横目で見ながら、木田さんは毎日毎日朝から晩まで十何時間もドイツ語の勉強をするのである。それによって、「西洋の哲学の本を正確に読めるのはあいつが第一人者だ」という評判を確立することになったのである。

そして、この評判は今でも変わらない。当時の木田さんが遊びに興味がなかったのかといえばそういうわけではない。むしろそうした遊びは闇屋をやっていたころや農専にいるときにさんざんやって、もう飽きてしまっていたのである。あとは貧しさに耐えて、とにかくひたすら勉強をするしかなかったのである。その結果木田さんは他の学生とは桁違いになっていくのである。

逆境というのは、そのときはひどいように思えるけれど、あとになってみると悪いものではない。新渡戸博士の「資金なきを嘆ずるなかれ」という言葉は千古の真理だと思うのである。

ただそのときに気をつけなくてはいけないのは、病気になってはいけないということである。木田さんは海軍兵学校に入ったぐらいだから体は非常に丈夫だった。しかし、私はといえば肺病になるのが怖くて、夏休み、冬休みに帰郷すると必ず肺の検査してもらったものである。そんなことをやっている学生は私の外にいなかっただろう。大学の寮に入っているとき、私はどんな倹約でも厭わなかったが、病気になったら終わりだという怖れの気持ちがあったのである。だから、たばこは一切吸わなかった。たばこ銭があったら夏みかんを買って食べるという具合であった。

それは経済的に余裕がなかったことが根本にあったからなのだが、そのお陰で大きな病気をしないまま今日に至っている。私とは反対に学資に困らなかったような人で体を壊した人も随分いるのである。それはすでに述べた元気の貯蓄ということとかかわってくることであるかもしれない。

また、大学には一番になると授業料が全額免除になるという制度があった。学問を続けるために、一番になることは私に課せられた必須の条件であった。だから私は必死に勉強をしたのである。他の学生がどれだけ勉強しているかはわからなかったが、そういうことは一切気にしなかった。そんなことを気にしはじめると友達が憎らしくなると思い、競争は一切しないことに決めたのである。

その代わりに自分が全教科で百点満点を取る努力をしようと考えた。全教科百点ならば、他の学生の成績とはかかわりなく必然的に一番になれると思ったからである。そこで満点を取るために、授業は丁寧にノートを取り、もちろん全然さぼらなかった。寮に戻るとすぐにノートを読み返して、少しでもわからないところがあれば次の授業のときに先生に質問するようにした。その結果、毎年一番をキープし、二年目以降の授業料は納めないで済んだ。

とにかく授業はすべて百点を取ることを目標として勉強を続けたおかげで、物理、数学、化学、心理学、西洋史、国文学、漢文といった必修科目は大体百点を取っていた。四年を卒業するときの試験は二十ほどある科目の中で、英文学史をはじめ数科目が百点満点であり、他の科目も九十点台で、平均点が九十四、五点であったと思う。二番の人の平均点が八十点台だったから、二位とは合計で百点以上の差がついていたことになる。

これはあの当時の決心の仕方としては一番正しかったと今にして思う。新渡戸博士のいうように、貧しければ必死に工夫をするのである。そして必死に工夫をするということが一番の学問になるのである。今どきの学生はこのような貧しさは経験したことがないかもしれないが、たとえ足りないものがあっても努力をし、工夫をすれば、たいがいは補えるものである。これはぜひ知っておいてもらいたいことである。

第四章 ◎ 継続は人を変える

何事でも継続するについてはすこぶる困難がある。継続心を害するものは、内部の心から発することもあり、また外部より来ることもある。しかして、ともにこれに打ち勝つことは容易でない、途中に挫《くじ》けやすい。しかし、人が大事を成すと否《いな》とは、一に懸《かか》ってこの継続にあるのだから、いかなる困難を排しても、継続心を修養しなければならぬ。

（第四章「決心の継続」より）

1. 決心は「継続」するのが難しい

決心するのは簡単、問題はいかに継続するかだ

志を立てるにしても職業を選択するにしても決心をすることはたやすいことである。ゆえに新渡戸博士はただ単に「決心」とは書かない。「決心の継続」と書くのである。

決心するのは本当に簡単なことである。毎日だってできる。マーク・トウェインが「禁煙なんて簡単なものだ。私はもう五回もやった」といったという笑い話があるが、決心を中断してまた始めるというのは実に簡単なことなのである。しかし、もちろんそれでは何も実を結ばないのであって、決心したことは続けなければ意味がないものである。

新渡戸博士が学生のころドイツに留学したときに教授から聞いた話がある。この教授は随分たくさんの本を書いているが、その教授が新渡戸青年にこういったという。「書物も書き出して途中から先になると嫌になって嫌になってたまらない。そんなときは中止しよ

うとも思うのだが、それを我慢してやるといつしか完成するものである」。

つまり、たいていの仕事はもう一息というところで嫌になりがちなものなのである。そこを辛抱して続けて、やり遂げることが大切なのだとこの教授は教えてくれたのである。とにかく最後までやり抜け、ということである。


決心の継続の重要性を語るために新渡戸博士はいくつかの言葉を引用している。

一つは徳川家康の遺訓と伝えられる「人の一生は重荷を負うて遠きに行くがごとし」という言葉である。これは重荷を負うたまま遠くまで行くのは苦しいが最後まで我慢して負わなくてはいけないということであり、継続の難しさと必要性をいっているものである。

二つ目は、「怠《おこた》らず行かば千里の外も見ん　牛の歩のよし遅くとも」という道歌である。これは、牛は一歩の歩みは遅いが、とにかく休まないで歩いていれば、やがて千里の遠きにも達するということである。

そしてもう一つは、ゲーテの「Oh. ne Hast, oh ne Rast」（急ぐことなく休むことなく）という言葉である。これはハマトンも『知的生活』の中で引用している言葉である。

これらの言葉を引用しながら新渡戸博士は、大切なのは急がなくてもいいから決して止めないことであると忠告しているのである。

では、中断するということはどういうことなのか。「孟母断機《もうぼだんき》」という有名な話がある。孟子の母が機《はた》を切ってしまったという話だが、こういうものである。

孟子が成長して家を出て先生のもとで勉強をしていた。ところが、まだ学問が終わらないのに家に帰ってきた。機を織っていた孟子のお母さんが「もう学問はちゃんと仕上げましたか」と聞くと、孟子は「いや、まだ十分ではありません」と答えた。するとお母さんは突然ハサミを取り、織りかけた機を真っ二つに切ってしまった。

驚いた孟子が「どうしてそんなことをするのですか」と聞くと、お母さんは「おまえが今中途で学問をやめて帰ってきたというのは、母がこの機を断ち切ったのと同様である」といって涙を流して説き聞かせたというのである。

博士はこの話が大好きなのだと述べている。最後まで織り上げれば美しい反物になるものでも、途中で切ってしまったら何物にもならない。ただバラバラの糸にすぎない。だから最後までやり遂げなければならないのである。

そしてまた重要なのは、志を立てることを縦糸と考えると、そこに一つ一つ横糸を織っていかないと織物にはならないということである。これはどういうことかといえば、立志だけでは足りないということである。毎日毎日の実践が伴って、初めて立派な実を結ぶことになるのである。だからこそ、できあがるまでやめてはいけないのだ、と新渡戸博士は教えているのである。

継続を邪魔する三つの要因を乗り越える法

決心はできるが継続できない第一の要因はなんといっても自分の精神の弱さ、心の問題にあるわけだが、こうした内面的な要因だけではなく、外部からもたらされるものによって継続が妨げられることも多い。そのうちとくに三つのことが問題になると新渡戸博士は述べている。

その第一は、「そんな厄介なことはやめてしまえ」と反対する人がいることである。しかし、これについては自分の志を相手にはっきり伝えれば収まる場合もあると博士は述べ、いくつかの例を挙げる。そのうちの一つに、学士会を開いたときの話がある。あるとき、学士会を開くというので、その準備の集まりがあった。博士も学士会の委員に名を連ねていたので、その委員会に出席していた。当時、このようなパーティーを開くときには芸者が出てくるのが常であった。

博士自身は自分がキリスト教徒であり、また中学校を預かっている身でもあったので芸者が出てくることには反対だったが、みんなが楽しむのなら黙認しようと思っていた。そうしたところ、委員の一人がわざわざ「新渡戸君、君の意見はどうか」と聞いてきたのである。

名指しで問われると、自分としては芸者を呼ぶのに賛成するわけにはいかない。だから、「こういうことは多数決で決めればいいと思うが、わざわざ賛否を聞かれるとなると自分の意見を述べないわけにはいかない。私は不賛成である」といった。その後、種々の意見が出て、結局、芸者は呼ばないことに決まった。

その学士会はすこぶる盛会だったが、集まった何人かは「なんで宴会に芸者が出てこないのか」と博士のところにやって来た。そこではっきりこう答えた。「私は君たちと違って中学校を預かっている身だ。その自分が発起人になって芸者を呼ぼうと主張したら、君たちだって僕を卑しむだろう。それに君も弟などを安心して中学校に通わせておけないのではないか。僕に相談なしに、すなわち僕が知らないままに決まったのならいいが、僕の意見を直接聞かれた以上は賛成できるわけがないではないか」といったところ、みんな、「なるほど、おまえの立場としてはそうだろうな」とわかってくれた。

このように、反対が起こったときにも自分の意見を率直にいえば、相手の理解が得られ、継続できるものであると博士は教えている。

第二の要因としては、ガラリと境遇が変わるということがある。

大学に入るまでは品行方正だった者が大学に入ったら遊び出したということはよく聞く話である。同じように、奥さんや子供が死んでしまったことから性行が一変してしまう者もいる。このような身辺の変化が原因となって継続できなくなってしまうということがあるのである。

これを予防するための一つの考え方としては、一生涯継続するというのではなく、一定の年限を設けてその間だけ継続し、その後は適宜考えていくということであってもいいのではないかと新渡戸博士はいう。

札幌農学校の設立者であったクラーク先生は学生に対して飲酒、喫煙、賭博の三つを禁止することを誓わせた。それは二人の保証人をつけて誓いの文を読むという厳粛なものだったが、在学中だけという期限付きだった。これに対して、在学中だけでは効果がないじゃないかという者もいたが、実際には在学中に厳重に誓いを守ることによって、一生誓いを守りとおしたという人もかなり多かったのである。

だから一定の年限を決めるというのはいい方法であって、たとえば母親が生きているうちは何かをしない、子供が何歳になるまでは何かをしようというように決めると継続しやすく、その間に楽しみもあるというわけである。

また、冷水浴を継続していた人が生活状態が変わって井戸のない家に行ったらどうするかというようなこともありうるが、あまりそういう口実は使わないほうがいい。それは継続を止めるための口実であって、継続の精神を失わないことが何よりも大切なのである。

しかも、あらゆるものは形に表したほうが精神を強くすることができる。ただ心の中で思っているだけというのは、理屈としては立派だけれど、どうしても弱い。たとえば菅原道真を尊敬するなら、心の中で尊敬するのもいいが、それよりも日を決めて最寄りの天神様にお参りしたほうがもっといい。形を重んずることが精神の強化にとって重要なことなのである。

要は環境が変化しても継続の精神があれば、細かな変化に左右されることなく、続けることができると新渡戸博士はいうのである。

決心の継続を難しくする第三の要因は、嘲笑を買うということである。

これについては、新渡戸博士の身近でこういうことがあった。台湾の総督府に勤めていたころ、博士の知人に熱心なキリスト教徒がいた。この人は身を持する理由で絶対に酒を飲まなかった。平生はもちろんのこと、結婚のときでも、新年の屠蘇《とそ》さえも口にしない。

ある正月、その人の家に同僚四、五人が年始に行った。あいにく当人が不在だったために奥さんが対応して菓子や果物などを出したところ、この連中は「今日は正月だからお屠蘇をください」といった。奥さんが「うちは禁酒主義なものですから、誠にお気の毒ですが…」と断ると、客たちは自分の懐の中にとっくりを持って来ていて、各自それを取り出して飲み始めた。そして呆気にとられて見ている家族を後にして一同引き上げ、今日は愉快だったなあと話し合った。

その足で朝鮮総督の児玉源太郎大将のところに行って今あった話をしたところ、いつもはこういうふざけた話が大好きな大将が顔色を変えて「それはけしからん。人の信じていることを嘲笑するというのはもってのほかだ。人の信じていることは、たとえ間違っていても尊重すべきものだ」といって怒ったという。嘲笑するということはそれほど悪いことなのである。

新渡戸博士は、このような嘲笑を受けた場合、「自分の意志を身体の上に発表するより良策はない」と述べている。どういう意味かというと、すなわち嘲笑した相手は殴ってもかまわないというのである。

博士の知っている学生にしょっちゅう悪い場所に遊びに行く男がいた。改心しようとするのだが、また悪い友だちが誘いに来るものだから効き目がない。そのときに博士はその学生に向かって、今度悪友が誘いに来たときには「母が非常に心配しているから、母の顔に免じて絶交してくれ」といって断るようにというやり方を授けた。さらに、もし悪友どもが承知しないで、「おまえも聖人だなあ。もう三年もたったら孔子以上になるだろう」とかなんとかいって嘲笑するようなら、そのときはかまうことないからぶん殴ってやれと教えるのである。

最後には相手を殴りつけることを授けるほど新渡戸博士は決心の継続ということを重んじられたわけである。それは決心の継続こそが修養の根幹となるものであるという信念が博士の中にあったからに他ならない。継続しなければ何事ものにはならないのである。

2. 継続のコツは易しいことを続けること

最初の決心を忘れないために「工夫」をする

決心の継続のためには何が必要なのか。ここで新渡戸博士はフランクリンの逸話を挙げている。フランクリンが自分の欠点を直していったというのは有名な話なのだが、そのやり方がちょっと変わっているのである。

彼は、十三の美徳を手帳に書き出し、それが実行できたかどうかを毎日チェックしていった。たとえば整頓という美徳についていえば、月曜から日曜までの一週間、自分はきちんと整頓できたかどうかをチェックして、できなければその日に印をつけて、できるようになるまで続けるのである。そして整頓が完全にできるようになったら、第二の美徳のチェックに移るのである。

このようにして十三の美徳が完全に身につくようになるまで繰り返し繰り返し反省した

というわけである。これはフランクリンの自叙伝に書いてある話で、大変有名な逸話である。日本にも同じような話がある。長門の国、萩藩に瀧鶴台《たきかくだい》という儒者がいたという。その近所に評判の醜女が住んでいた。絶対に嫁の貰い手がないだろうと噂されるほどだったが、この醜女がどうしても瀧鶴台先生のところにお嫁に行きたいといいだした。先生はすでに有名な儒者だったこともあって、両親も近所の人たちも何を馬鹿なことをいっているかとあきれ、笑った。

ところが、その話が瀧鶴台先生の耳に入ると、先生は何か感じるところがあったらしく、「きっと賢夫人になるに違いないから」と結婚することになった。事実、とてもいい奥さんになったのである。

ある日、その奥さんの袂から赤い糸をくるめた毬がクルクルと転げ落ちた。それを見た先生は「もう小娘でもあるまいし、暇があったとて毬なんかついて遊ぶものじゃあるまい」といった。すると奥さんはこう答えた。

「いいえ、違うのです。自分は平生いいことを行うように心がけていますが、なかなかできません。なんとかして過ちを少なくしたいと思い立って、赤白の二つの毬を作っていつでも袂の中に入れておいて、自分の心にいい考えが生じたり、いい行いをしたときは白い糸を毬に巻き付け、よくない考えが起こったり、よくないことをしたときには赤い糸を毬に巻き付けて、その毬の大きさを比べて、いいことと悪いこと、どちらが多いかを見比べて反省していたのです。始めのうちは赤い毬だけが大きくなりましたが、最近では白い毬もだんだん大きくなってきました。でも、恥ずかしいことにはまだ白毬が赤毬に勝るようにはなりません」と。

かつて日本には「一日一善」という、なんでもいいから一日にいいことを一つやろうという考え方があったが、この奥さんはいいことと悪いことのどちらが多いかを比べて、悪いほうを少なくしようとしたというのだから、すごいものである。

このフランクリンや瀧先生夫人のような反省の仕方こそが本当の修養というものであろう。普通の人にはなかなかできかねることだが、このように最初の決心を忘れずに継続することが非常に大切なのである。「僕がここにいいたい要点は、ひとたび起こした発心はたびたびこれを省みて、忘れぬようにせよということである。忘れなければ継続されるものである」と新渡戸博士はいっている。

また博士は、決心を継続するための実践的な方法として、札幌にいたとき学生に「ここだな」という観念を持つことを教えたと述べている。これは、何かあったときに「平生自分が修養しているところの価値が試されるのはここだな」と思って力を入れてやるということである。

たとえば、勉強をしていて怠け心が出たら「あ、ここだな」と反省をして、勉強に戻る。早起きをすることを続けていて、朝起きたくないときに「あ、ここだな」と思って眠い目をこすって起きる。そのような瀬戸際で頑張ることで、決意は継続され、目的に到達するようになるというのである。

「ここだな」というこの言葉はやがて学生の間で一つの流行語のようになってしまったというが、どのようなささいな事柄を行うにも、大きな原則を応用すれば、いつしか原則の極意に到達することになるのだと博士はいう。

決心を続けると人間はどこか変わってくる

このようにして決心を続けていると、いつか人が変わってくるものである。たとえばこういう話がある。

非常に臆病な武士がある長屋に移ってきた。ある日隣りに住む商人が武士のもとを訪ね、

「自分は剣術が好きなのですが教えていただけませんか」といったところ、その武士は「いや、恥ずかしいことに私には武芸の心得がないから、教えることなどできない」と答えた。

それでも商人が「いや、そんなご謙遜はなさらないでください。どう見ても普通の人には見えません」というので、武士は「どうして自分が武芸に熟達していると思ったのか」と尋ねる。

そこで商人は「どう見ても普通の歩き方ではありませんし、普通の態度ではありません。武芸に熟達している人としか思えません」と答えた。

すると、その武士はこういったのである。

「私は実際に武芸はできない。ただ、私は非常に臆病者だったから、なんとかしてこれだけは直したい、胆力を養成したいと思って、夜中に怖い墓場に行ってみようと考えて、これを実行した。はじめのうちは門のところまで行くとブルブル身震いして中に入ることもできなかった。だが、毎夜それを続けているうちにだんだん肝が据わってきて、墓場に入っても怖くなくなり、ついには墓の石に腰掛けて一晩明かすこともできるようになった。私のやったことはこれだけなのだ」

このように繰り返し繰り返してやっていると、いつの間にかその道の達人となるということなのである。そして、一事に達すると、自然と他のことにも達することができるようになる。これは講談などによく出てくる、茶の湯の名人を後ろから斬ろうとしたが全く隙がなかったというような話にも通じるだろう。

この武士は単に臆病心をなくそうと毎晩墓場に行っただけだが、それでもそれができあがると人物そのものが変わってしまったということなのである。

かつて新渡戸博士は、撃剣柔術、すなわち剣道や柔道は案外精神修養には役に立たないといった意見を述べたことがあった。すると撃剣に達したある学者が博士のところにやって来て、「撃剣柔術というのはあなたのいうようなものじゃない。撃剣も本物になれば精神の修養に大いなる効き目があるものだ」と反論した。

そのとき博士は「確かに本物になれば大いに有効でしょう。しかしそれは撃剣の力というより、むしろ本物というところに味があるのであって、本物であれば撃剣柔術だけではなく、草取りにしろ飯を食うにしろ、すべてが精神修養に役立つはずだ」と答えたという。

つまり、継続して一芸に達するということが偉いのであって、何も難しいことを選ぶ必要はない。それどころか、むしろ難しいことを選んで継続するのはかえってよくないのではないのか。なぜならば、最初から偉いことをやろうとすると続かないで失敗することが多いからである。だから易しいこと、普通のこと、少し嫌なことなどを選んで「毎日続けて」継続心を鍛錬するのがいいのである。

このように新渡戸博士の考えは大変に実践的である。確かに嫌なことを続けようとしても長続きするものではない。継続の習慣をつけるためには易しいことや少しだけ嫌なことを選ぶほうがいいのである。

たとえば、食べ物を少しだけ減らす、冷水浴をする、日記をつける、散歩する、決まった時間に起きる、食事の前には感謝する、親の命日には花を捧げるなど、なんでもいいから少しだけやりにくいことを繰り返すと、継続が習慣になって一事に達する。すると、それが他に適用されてくるというわけである。

継続によってわかる人生の偉大な原則

易しいことから始めるということの例として、新渡戸博士は自分の冷水浴の習慣について述べている。難しいことは自分がやっても継続できないだろうと思ったので、少し嫌なことぐらいを選んで冷水浴を始めたのである。すると大学を終えたころから習い性になって、爾来二十余年も続けた。アメリカに留学していたときも、北海道にいたときも続け、ついにはいかなる寒いときでも少しも苦痛を感じなくなった。

なぜ冷水浴を選ぼうと思ったのかというと、博士は先に述べたように札幌農学校を出て一度官吏になったあと、農業ではなく経済の勉強などをやりたくなって東大に入学した。すでに家庭も持っていたし、一度役人になって給料ももらっていたので今さら経済的援助を仰ぐわけにはいかない。つまり背水の陣だったのである。

そこで、何かの刺激によって勉強を怠らないように自分に促すことが必要だと考え、また思い切った勉強をしても耐えられるだけの体がなくてはならないと思った。どうすればこれらの目的にかなうであろうかと考えたあげく、毎日冷水を浴びたらどうだろうと思いついたのである。

明治十六、七年のころのことで、まだ冷水浴が健康にいいというような説はなかったが、とにかく水をかぶることを決めて始めたわけである。博士は、水をかぶっている限りは勉強は中断しないと堅く決意して、毎朝水をかぶることを自分の勉強の尺度とした。健康に効果があるかどうかは第二位の理由で、何よりも決心の継続のために続けたのである。そしてアメリカに行ったときも一回も中断しなかったし、北海道にいたときもやめなかった。

北海道の冬はしばしば氷点下になるので水も凍ってしまう。とくに朝早く星が見えるころにやると、激しい北の寒気はいっそう酷烈に感じられ、浴室に入って一杯の冷水を体に浴びるとそれが湯気になって浴室中が水蒸気で満ちるほどであった。それほど寒いところで無理をしてやったので一時は病にかかったこともあったが、それ以後も引き続き実行したという。

新渡戸博士は冷水浴だけではなく鼻を洗うことも続けたというが、これは中耳炎の危険もあるというのでやめたそうである。それでもずいぶん長く続けて、その間は一回も風邪にかからなかったと書いている。

私も冷水浴を続けていたことは先に述べたとおりである。私もやはり大学に入ったときは背水の陣であった。だから何かで自分を励まさなくてはという気持ちになって、博士と同じように冷水浴を始めたのである。そのかいあって、二年生に進むと首尾よく授業料が全額免除になったのであった。

その習慣を私は一九五〇年まで続けたが、いつの間にかやめてしまった。その後二〇〇一年に大学を辞めて名誉教授になったが、その翌年に読んだ二木謙三先生の『健康への道』

に触発され、再び冷水浴を始めて今日に至っている。これはまた、老年に入る前の決心について考えているときに、新渡戸博士の冷水浴の話を思い出し、初心に戻ろうと考えたことも一つのきっかけになっている。

継続について博士が注意していることは、あまりにもエネルギーのかかるようなことを実行すると精力の浪費になるということである。だからあまり精力を注がなくてもいいようなものを選ぶのがいいのではないかといっている。たとえば、小力士が相撲を仕込まれるときは、大体の方針や心がけ、すなわち原則は大関から聞いてもいいが、毎日毎日の稽古はずっと下の力士につけてもらったほうがいいのだという。

要するに、続けることが重要なのであって、あまりひどいことは毎日できるわけはない。続けやすいことを継続すれば、その継続自体の中に偉大なる原則が出てくるのである。だから難しいことより容易なことから入るほうがいいということなのである。

第五章 ◎ 自分の限界を押し広げる

克己心を修養するには、最初より大事を目的とし、むずかしきことを選ぶはよくないと思う。かくては、成功しないでかえって失敗の因となることがあるゆえに、毎日出逢うことで、少しの心がけにてできるくらいのことより始めるがよい。

（第六章「克己の工夫」より）

1. 勇気をいかに養うか——勇気とは育てるものである

小さなヒントから勇気を養うことができる

勇気というものには二つある。一つは肉体的な勇気である「匹夫《ひっぷ》の勇《ゆう》」であり、もう一つは道徳的な勇気である「大勇」である。

匹夫の勇は大体生まれつき備わったものだが、ある程度までは修養できるし、その方法も難しいものではない。ところが大勇のほうはひとかたならぬ鍛錬を必要とする。新渡戸博士自身も少年時代は神経質で臆病なほうであったという。「今でもあえて勇気があるといわないけれど」と但し書きをしておられるが、その臆病を修養で変えたのだというのである。そして、そういうことは少しの注意さえあれば誰にでもできることだという。

博士は勇気の修養に必要な根幹にある心がまえとしてシェイクスピアの「正を守りて恐るることなかれ」という言葉が適当であるという。あるいは孟子の「自ら反《かえり》みて縮《なお》ければ千万人といえども吾往《われい》かん」を挙げる。新渡戸博士のような立場にあれば、国を背景にして大きなことで勇気を振るわなければならないこともいろいろあったはずだが、そのような大きな勇気を養うのに小さなヒントや短い言葉が役立つことも多いものなのである。

これは私の体験だが、私も子供のときはやはり臆病であった。私は兄が小さいときに死んでしまったため、女きょうだいの末っ子の長男という立場になってしまった。当時はまだ家の観念が強い時代であったから、もし私が死んだり怪我をしたりしたら渡部家は途絶えてしまうというような見方をまわりからされ、私もそれを自覚していた。そのため、非常に大事にされた反面、非常に臆病になってしまったのである。

そういう自覚がない小学校三年、四年くらいまでは不良がかった少年と喧嘩をしてとっちめたりということもあったが、自覚が生まれるにつれて臆病になってしまったのである。

それからもう一つ、眼鏡をかけ出したら、眼鏡が壊れないようにと気を遣うようになって、肉体的に臆病になってしまったように思う。何しろ当時は物資がどんどんなくなっていたころだから、眼鏡をもし落として壊したら大変なことになる。買いに行こうものならお金のほかに「米一斗持ってこい」といわれるような時代であった。そんな迷惑を親にかけてはいけないということで、どんどん臆病になっていったのである。

ところが、『キング』か何かの雑誌で愛読していた、佐藤紅緑という少年小説の作家（佐藤愛子さんのお父さん）が豊臣秀吉の偉さについて書いた短い随筆を読んだことが勇気を養うヒントになったのである。そこに「秀吉という人は一生のいかなるときでも恐れという気持ちのなかった人ではないか」という一節があった。

私もすでに『太閤記』を読んでいたから、そういえば日吉丸のときから怖いとか恐れという気持ちは秀吉の中にはなかったように感じた。とくに毛利との睨み合いの最中、本能寺の変で信長が自刃《じじん》したという知らせが届けられたとき、普通ならば自分の大将が死んだのだから大いに狼狽《ろうばい》するものだが、秀吉は毛利に心中を悟られることなく平然と和議を結び、急ぎ京に戻ってきた。もちろん私は武士でもないし、軍人になるつもりもなかったが、秀吉の恐れのなさというのを羨ましく思ったものである。

この随筆を読んだことが一つのきっかけとなったように思うのである。相変わらず私には肉体的な恐れはあったけれど、道徳的な恐れはなくそうという気を常に持つようになった。そして聖書にある「汝恐るるなかれ」という言葉を座右の銘にして、常に自分に言い聞かせていた。

それによって、十分な金もないのに東京に飛び出すことができたし、ドイツ語の会話を一時間も勉強していないのにドイツ留学の話にすぐに飛びつくことができた。そういうときも一旦は躊躇するのだが、「汝恐るるなかれ」と唱えて決断したのである。新渡戸博士の挙げている孟子の言葉などは、私自身も勇気の修養に使っていた。

それで先に述べたような糾弾団体にいくら糾弾されても、あるいは朝鮮人団体に血書の脅迫書や剃刀入りの手紙などを送りつけられても怖いということはなかった。今から二十年も前に朝日新聞と正面切って喧嘩をするなどということもやってきた。向かい合って殴り合えといわれたら嫌だといったと思うが、いずれの場合も精神的な意味での怖さは克服できた。それは「自ら省《かえり》みて縮《なお》ければ千万人といえども吾往かん」という心境があったからである。

だから私は佐藤紅緑の随筆から勇気の修養を始めたことになるのである。通俗雑誌で通俗小説家が書いた短い文章であったが、それが一生〝効く〟こともあるのである。新渡戸博士の『修養』という本も実に通俗的であって、自分の周囲の話、直接関係ないような話までさまざま入っているが、読んだ人はどこでどういうヒントをもらえるかわからない。その意味では、読む人にとって方々《ほうぼう》に人生をよりよく生きるための宝石が散りばめられている本であるといってもいいと思うのである。

ギリギリまで行ったらどうなるかと考えてみる

勇気の修養の第二の方法として博士が勧めるのは、ある恐怖感を起こさせるようなことがあったときに、「これはギリギリ極限まで行ったらどうなるか」と考えてみるということである。そうすると、たいていのことは怖くなくなるのだと博士はいうのである。

たとえば対岸で火事があったときに、それがうちまで来たらどうしようと考えてみる。あるいは妻が風邪にかかって、それが悪化して死んでしまったらどうなるだろうか。自分が病気になって再び起き上がれなくなったとしたらどうなるだろうか。このように先の先まで考えると、あまり怖くなくなるというのである。

先に挙げた木田元さんの伝記を読んで思ったのは、木田さんの元気の背景には、いざとなったらテキ屋で食える、闇屋で食えるぞという気持ちがあったのではないかということである。そういうギリギリのところでも生きていけるぞという気持ちがあると、怖いものがなくなってしまうのである。

実は私にも、心の底にはテキ屋ならいつでもできるし、それで食っていけるぞという自信があった。それは根拠なき自信ではない。戦後、夏休みになると生活費を稼ぐために、テキ屋と一緒に祭礼などで商売をしていたことがあるのである。そして私は物を売るのがうまかった。そういう経験があるので、何かのトラブルで大学を辞めさせられるようなことになったら、どこかのテキ屋の親分のところに行って店を手伝わせてくださいといえばいいと考えていた。向こうも元大学教授を雇うのだから喜ぶのではないか、というような空想をすると、何も怖くなくなって勇気が出てきた。

新渡戸博士のいうギリギリまで考えるというのはそういうことなのではないかと私は思っているのである。

困ったことは天が自分に降した大任であると考えよ

勇気を養うためのもう一つの心得は、都合の悪いときに、その裏にあるものを考えるということである。孟子が「天のまさに大任をこの人に降《くだ》さんとするや、必ずまずその心志《しんし》を苦しめ、その筋骨を労せしめ、その体膚《たいふ》を餓えしめ、その身を空乏にし、行《おこな》いをそのなすところに払乱《ふつらん》す。心を動かし性を忍《しの》ばせ、そのあたわざるところを増益《ぞうえき》せしむるゆえんなり」というのは、まさにこの意味である。聖書にも「神は愛するものを苦しめる」という言葉がある。

日本人には聖書よりも孟子のほうがわかりやすいかもしれないが、新渡戸博士が挙げた孟子の言葉は、何か困ったことが起こったときには「これは天が自分に大任を降《くだ》そうとしているのだ」と考えればいいということである。

私の体験としていうならば、すでに述べた糾弾団体に押しかけられたとき、私は一言も訂正せず一言も謝らずに彼らを退散せしめたのだが、今となってはこれが私の勲章になっている。北朝鮮批判などにしてもこのごろは誰でもやるが、今から十年前には表立って批判をする人は皆無であった。それでもやるべきことはやったし、いうべきことはいえたというのは、あの当時、タブーだらけで非常に不自由な日本の言論界で、タブーのない言論をやれという大任を天が私に降したもうたのだと理屈づけていたからである。

この孟子の言葉は暗記するに足るものであると思う。何か困った問題が起こったら、天が自分に大任を降そうとしているのだと思うのである。するとそれが勇気の源となる。勇気を奮って事にあたれば困難が一気に解消されて、人生が開けることがあるのである。そのことを博士は「こういう時が死生の境界だ。胆を落とせば地獄、気を昂《たか》むれば極楽往生、一つ飛べば昇天、一足外せば堕落の時である。かく困難はかえって他日快楽に達する順序であると思えば、困難に遭うても少しも落胆することなく、かえって愉快に勇気が湧き出る」と書いておられる。

身近な人から勇気の育て方を学ぶ

新渡戸博士は偉人の伝記を読むことも勇気を修養する方法の一つであるという。伝記には人を感化する力があるというのである。これは確かなことで、私にとっては、先に述べた佐藤紅緑のわずかな豊臣秀吉評が大きな影響を与えてくれた。

また、偉大なる人物ではなくても、身近な人の行為と自分を比較することによって勇気が出ることがある。新渡戸博士の家は非常に浮沈が激しかった。三代前は儒者であったけれど、花巻の築城について藩主と意見を異にして流罪に処せられた。その次のおじいさんも藩政に関して同僚と意見が衝突して網籠に乗せられ、お父さんに至っては切腹したと噂された。

もっともお父さんについての噂は無実であったというが、閉門を命じられたことはしばしばある。このような事件に遭うたびに所領を没収され、その後名誉を回復したものの、しょっちゅうこのような浮き沈みを味わっていた。

ところが、そういう先祖の運命を見ていると、非常に勇気が出ると博士はいうのである。三代も引き続いて不幸な目に遭っているけれど、犯した罪は少しも破廉恥罪ではないから恥じることは何もないし、自分の先祖ですらああいう目に遭っているのだから、仮に自分の身に何か不幸が遭ったとしてもそれは当然であると思えて、少しも怖くはないというのである。

これは本心からの言葉であろう。博士は、演説などの折に好き勝手なことを話していたといっているし、誰かが揚げ足を取ろうと思えばいくらでも取る機会はある。世間に乗ずべき余地を与えているようなものであるけれど、自分の父親、祖父、その上の祖先が所領を取り上げられたり流罪にされたりしているのだから、たとえ揚げ足を取られたとしても何も恐れることはない。先祖は破廉恥罪を犯したわけではない。だから破廉恥罪にさえかかわらなければ怖いものは何もない、という勇気をもらっていたということである。

私も博士同様、身近な人から勇気について教えてもらったことがある。私が勇気のある人ということで参考にしたのは家内の父親である。この父親は非常に優秀な人で、お父さんが——家内から見ればおじいさんが——早く亡くなったため、旭川の中学校を中退して糸屋の小僧になった。しかし勉強がしたくなって、授業料の要らない旭川の師範学校に入り、抜群の成績で卒業して初代の北海道視学になった（視学というのは校長先生を決める重要なポストの役人）。

その後、綴り方運動を始めた。綴り方運動というと左翼的なイメージが強いが、本人には左翼思想的背景は全くなく、単純に子供たちに綴り方を書かせてやろうという動機で始めたのである。しかし、戦争中のことであり特高に目をつけられてしまった。そして左翼だろうと疑われて、ただ一つの根拠もないのに捕まってしまった。もちろん最終的には無罪放免されたわけだが、未決囚として三年も拘束されてしまうことになるのである。

一緒に連行された人の中には特高から責められて嘘の自白をした人もいるという。すると戦後になってみるとどうなったか。嘘をついて自白した人はみんな埋没してしまい、頑張って我慢をした人たちはみんな社会のいいポジションに復帰できたというのである。

私は義父に三年間も牢屋にぶち込まれたときの気分を聞いてみたことがある。すると、義父は「自分は左翼運動をやったわけじゃないのだから、特高が何をしようが、天皇陛下の名前で行われる裁判では必ず事実が明らかになるという確信があった」といった。戦前の裁判官に対する信頼度というのが非常に強かったことがうかがえる。また、もう一つ、「自分はこうやって監獄にぶち込まれているけれど、兵隊に行った連中は監獄にいるよりもひどい目に遭っていることを思えば耐えられた」ともいっていた。

この話を聞いて学んだことは、やはりこれぞというときに勇気がないのはだめだということである。いざというときに挫けてしまうと、絶対に復活できないのである。義父には「俺はそういうことはやっていない」という確信があったので、頑張り抜けたわけである。

一方で、戦時中特高に捕まった共産党員たちが拷問を受けても転向しなかったと戦後になって威張っていたけれど、それもそれほどのことではないということもわかった。なんとなれば、共産党員が監獄の中で三度の飯を食っている間にも、義父のいうように、多くの兵隊が戦争で亡くなっているのである。ガダルカナルでは立派な日本人たちがたくさん餓死したりしていたのである。私はこの話から、なるほど戦争というのはそういうものかという教訓を得た。

身内にそういう勇気ある体験をした人がいるというのは、勇気とは何かを考える場合に非常に参考になるものである。

2. 克己の工夫――何ができない理由なのか

「克つべき己」とは何かを知らなければならない

克己というものは修養における最も重要な眼目の一つである。その意味するところは「己を抑える」「己に克つ」ということである。

ここで重要なのは、その克つべき己とは何かということである。それを間違えてしまうと、なんでもかんでも抑えなければということで神経過敏になり、かえって人間を萎縮させることにもなりかねない。

新渡戸博士の友人に将来を嘱目《しょくもく》されていた法学士がいた。この人は早くに亡くなってしまったが、あるとき「私は芝居を見たことがない」と博士に話したことがある。その理由は、「私は非常に感情的であるから芝居を見ると激しく感情を刺激し、甚だしきは執務を妨げる恐れがある。だから行かないことにしている」というものであった。

それを聞いた博士は考える。確かに芝居を見ることは人によっては害があるのかもしれない。しかし、芝居によって勧善懲悪の念を奮い起こしたり、その他にもプラスの方向に精神を鼓舞することもあるのではないか。シェイクスピアの『ジュリアス・シーザー』などは人間の最高の感情を動かす力があるのではないか。この亡くなった友人はいい事務官になろうと思い、善悪の両感情に打ち克とうとして機械的な人間になろうと決心し、芝居も一切見ないということになったわけである。

だが、こういうことではかえって大きな人物にはなれなかったに違いない。己に克つには情欲を抑える必要があるとはいうものの、どのようなものが真の己の敵になるものかを区別し理解しなければならないのだ、と。

同じく新渡戸博士の知人に、女性を大変軽蔑し、いつも「女は敵だ」といっている人がいた。しかしこれもおかしいと博士はいう。女が敵であるわけはない。自分の母親にしても女である。真の敵は女性に関して起こる不適切な情欲なのである。換言すれば、敵は女性ではなく、自分の胸の中に湧き上がる情欲なのである。このように自分の心の中の情欲と女性というものの存在を取り違えて軽視したり憎んだりするという間違いを犯してはならない。

また、人の前に出るとなんとなくおじけづく人がいる。新渡戸博士も若いころはおじけづく習慣があったそうである。こういう人の中には、おじけに打ち克とうとして傍若無《ぼうじゃくぶ》人《じん》になったり、あるいは人の前でことさら胡座《あぐら》をかいたり失礼な振る舞いをする人がいるが、不自然なことである。これもやはりその本質をよく見なければならない。

たとえば、人によく見られたいとか、人から馬鹿にされたくないとか、何か頼み事があって相手の気分を害してはいけないというように、いろいろな理由から人前でおじけるのである。あるいは女性の前に出るとたちまち真っ赤になって言葉も出ない人がいる。それは女性に対しておじけづいているように思われがちだが、由来を深く考えればもっといろいろな別の理由があるものである。

すなわち、おじけというのはセルフ・コンシャスネス（自己意識）が強すぎることが原因なのである。したがって、なぜ自己意識が強いのか、その本質的な理由を探して克服しなくてはいけない。単におじけだけを克服しようとすれば乱暴になったりするだけである。常に本質を見極めることが大切なのである。

この新渡戸博士の指摘は極めて的を突いたものである。人はうまく行かない理由を自分の外に見つけようとするが、たいていの場合、その答えは自らの内にあるということではないだろうか。そのことに気づいていながら素直に認めることができなくて、外に理由を求めることもある。

しかし己を抑える場合に目標を間違ってしまうと、決して己に克つことはできないのである。極端なことをしてみたり、傲慢な振る舞いをするようになるのがオチである。それは本当の意味の克己ではない。克己を果たすにはまず「知識の光と忍耐の力」を働かせて、真の敵を見つけ出さなければならないのである。

克己心を養うための六つのポイント

次に新渡戸博士は克己心修養のための六つのポイントを挙げている。このあたりは非常に具体的であり、いかにも博士らしい。これらはいずれも少しの心がけで誰でもできる実践的な内容になっているのが特徴である。

一つめは、朝起きの習慣。朝寝の人が早起きするということは克己の第一歩である。つまり、朝寝をやめられないようでは克己など話にならないということである。

二つめは、弱点の矯正。フランクリンは自分の弱点を十三挙げて、毎日反省して直したということだったが、このように自分の弱点を挙げて、毎日それを反省するのも一つの手である。

三つめは、そそっかしい人がゆったりとする習慣。たとえば、ご飯を食べるときに早飯になったら、先に述べたように「ここだな」と思って改める。それを繰り返しているうちに、いつの間にか直るものである。

四つめは、憎悪の矯正。これにはなるべく人のいいところを見る習慣をつけるといい。憎らしいところを見ようとするときりがなく、あら探しが上手になるだけである。

五つめは、憤怒の抑制。札幌農学校の教授だったころ、新渡戸博士は学生が癪にさわるようなことをしても決して怒るまいと決心して、受け持ちの時間に教室に入るとき、扉の握りをつかみながら、「生徒が私に対してたとえ無礼なことをしても、また癪にさわることがあっても、必ず親切にしなくてはならん」と自分にいい聞かせたという。博士にしてもそのようにして怒る癖を直されたわけである。ただ、それでも実際教室に入ると怒ることもあったそうである。

六つめは、他力を使って克己心を増すこと。ある女学校の寄宿舎で、一つの部屋の三人から五人ぐらいが、部屋の中では絶対に仲間の悪口はいわないという約束をした。もしも悪口とか野卑なことをいいたいときには他の部屋に行くことにすると決めたところ、揃って非常にいい成績を挙げたということがあるそうである。

このように博士は克己心修養の具体的な方法を六つ挙げているのだが、すべてを一度にやることはないといっている。一カ条ずつだけでもかまわないので、思い当たったことから手をつければいい。なぜならば、先に述べたようにその一つに通ずれば、他にも応用することができるからである。

大きな安心を得るために小さなことを利用する

このような日頃の克己心の積み重ねが大事のときにものをいうことになる。

たとえば、今お腹が空いてもすぐに餓死しないのは、別に食いだめをしたからではなく、いつも良好な栄養を摂っているために内部に耐える力がひそんでいるからである。天変地異が急に起こっても泰然自若として驚かないというのは、平生の精神的な栄養である克己心の積み重ね、あるいは修養の積み重ねがあるからである。

かつてある医者が新渡戸博士に「京都人の病気は手術後の回復が東京人より遅れる」と

いったことがある。それはなぜかというと、平生の栄養が東京の人のほうが京都の人よりもいいからなのだという。いつもいい食事を摂っている人は手術をしても術後の回復が早いとその医者はいうのである。

これと同じように、毎日己に克ち、己以上のことを身につけることを重ねていくと、その効果がいざというときに現れるのである。天性剛邁《ごうまい》な人であれば、平生の修養がなくても事に臨んで泰然自若としておれるかもしれないが、凡人はそうはいかない。だから凡人は小さなことを小さなこととして軽蔑せずに、それを修養の種子としていかなければならないというわけである。

我慢をするというと長い時間のようだけれども、時計を出して見ればほんの数分である。これは佐藤一斎が「克己の工夫一呼吸の間にあり」といっているとおりである。このように細かなことについて錬磨することによって克己心は年とともに強くなるものである。ただし、もう大丈夫と油断をすると、せっかく積み上げてきたものも崩れてしまうので注意をしなければならない。

「どこまでやるか」は常識で判断すればいい

克己というものの重要なことはわかるが、その程度はどう判断したらいいのか。あまりにも行き過ぎると、先に挙げた法学士のようなことになりかねない。これについて新渡戸博士は、それはもう常識でやるよりしかたがないといって、例のごとく事例で説明する。

これは博士の知っている兄弟の学生の話である。その弟は食事のたびごとに、これは甘いとか辛いとか、堅いとか柔らかいとか文句をいう。ところが、兄のほうは何一つ文句をいうことがない。あまりに弟が文句ばかりをいうので、あるとき兄が弟を怒ったことがあった。「自分の力で稼いで自分の好きなものを食べているのならばともかく、親から食べさせてもらっている身分で文句ばかりいうのは不埒千万だ」というわけである。

つまり、克己心が足りないというのである。ここまでは兄の意見が正しいと誰でも思うところだが、あとで調べてみると、兄は胃が丈夫だったのに弟のほうは胃弱という病気を抱えていたことがわかった。それゆえに同じ物を食べているのに弟のほうは胃にたまって困るといったことになってしまっていたわけである。そうすると胃弱の弟が文句をいうのは克己心が足りないというよりは、むしろ当然のことだとも思われる。克己心を鍛えるよりも病気を治すほうが先決問題だということになる。

このように、人によっていろいろな条件があるので、克己の程度というものは常識で判断するしかないのである。もっとも、常識とはなんぞやということを考え始めると迷宮に入ってしまって、永遠に答えは見つからないことになるわけだが…。そのあたりの程度も各人の常識で判断するしかない。

また新渡戸博士は、欠点のようなものもよく使えばプラスになるといっている。昔はおしゃべりというのは一般的にマイナスであると考えられていたが、それでも上手な多弁は善用すれば非常にいいことであるといっている。

最大の克己とは自己犠牲の精神である

最大の克己というのは、これは論語の「七十にして心の欲する所に従えども矩《のり》を踰《こ》えず」という孔子の言葉にあるとおりであると博士はいう。何をやってもちゃんとした道を踏み外さなくなったというのは克己の最上といえるものである。

この心境について博士は「一般公衆の善とするところと、己の利とが別なものでない。ゆえに、己の欲するところをドシドシ行うても、それがただちに一般公衆の利となる。すなわち小我がなくなり、世界をもって大我とするゆえ、することなすことが矩を踰えぬのである」と洞察を加えている。

ただし、孔子にしてもこの理想に達したのは七十になってからというのだから、普通の人はこれを理想とするのはいいが、実際はなかなかできない話であると心得ておかなくてはいけないだろう。

また、博士は孔子のような境遇に達するためには小我を捨てなければならない、つまり、「己に克って克って、克ちぬき、しかして、己を殺すによって達せらるる」のだが、これは犠牲的思想であるといっている。

たとえば忠臣蔵が面白いのは、九太夫が算盤勘定ばかりしているのに大石たちが自己犠牲で命を捨てるというところであるし、また「犠牲は進歩の法則であって、利己は不生産的だ」というイギリスの学者レッキーの言葉もある。

つまり、克己の最大なるものは犠牲であるというのが新渡戸博士の意見なのである。これは博士がキリスト教を信仰していたこととも関係がありそうである。

ただ、この犠牲については、私は露伴の考察をつけ加えておく必要があるように思う。露伴がいうのは、犠牲とは自ら進んでやるべきものであって、めったなことで人に強要してはならないものなのである。自ら選んだ犠牲は最高の美徳であるけれども、押しつけた犠牲は最も悪しきものであり得る場合がある。これが先の大戦における特攻隊の悲劇を生んだのである。

露伴は「人が自ら犠牲になろうとするのは人の最大の自由であってそれを止める権利は誰にもないが、人を強制して犠牲にする権利はなおさらない。犠牲になるのはいいが、そこに正しさがなければ何も意味がないのだ」といっている。犠牲となることが無条件にいいわけではないということは心しておきたいものである。

「なかれ」で抑えて、それ以外は自由にする

博士は克己の精神を育てるためには「なかれ」という言い方をうまく活用すればいいという。キリストの教えでも仏教の教えでも「なかれ、なかれ」と否定形になっている。これは消極的なように見えるが、むしろ教訓というのは「なかれ」が中心になっているもの

なのである。

つまり、「なかれ」で抑えるべきところを抑えて、「なかれ」のないものは積極的にやろうというわけである。このように、否定形の命令という形は非常に深い意味を持っているものである。

ノーベル経済学賞をもらったハイエク博士は、経済学も「なかれ」でなければならないといっている。なんとなれば、「何々せよ」という肯定形の命令で法律を出すと軍国社会になってしまうからである。自由な市民社会は「なかれ」だけを決めて、「なかれ」でないものは自由にしてもかまわないというのが本質であって、それが法の精神というものである。したがって、基本的な法はすべて否定形でなければならないというわけである。

だから克己の精神も習い始めは「なかれ」で始まるのがいいのである。その代わりに、「なかれ」でないものは自由にやっていいとしたほうが、習うほうものびのびすると思うのである。

第六章◎四つの「貯蓄力」を育てる

後日の不足を補うために、予《あらかじ》め貯蓄することは、よほど頭脳の進歩した者でなければできぬ。スペンサーが言うたごとく、知能の発展は時間と空間に適応するものである。知能の程度が低ければ低きほど、時間に関する思想が短く、また場所に関する思想が狭い。その適例は子供である。

（第八章「貯蓄」より）

1. 貯蓄は修養の賜物である

文明とはエネルギーの貯蓄である

博士はある本の中で、西洋の学者が「文明とは精力の貯蓄だ」といっているのを見つけたという。野蛮人には余裕もなければ貯蓄もない。ただその日その日を暮らしていくだけで、生きていくために最も必要なこととわかりきっている食べ物ですら貯蓄しようとしない。今日の猟で十匹の鹿を捕まえれば、その晩は食べられるだけ食べて、余ったものは捨ててしまう。逆に獲物が一匹も獲れなかった日には、何も食べないで我慢する。

このように、野蛮人には貯蓄の観念がないのである。そう考えると、文明の初めというのは食物の貯蓄から始まったのではないかと考えることができる。食物の貯蓄ができればエネルギー（精力）の貯蓄が伴う。そして、たとえわら小屋でも建てて、そこに穀物を貯めたり、あるいは鹿やイノシシを捕まえて余ったものを燻製にして蓄えるようになる。これが文明の始まりなのである。だから物質的にも貯めることから文明は始まるものである。

事実、明治のころに日本で一番流行ったイギリスの哲学者スペンサーは「知能の発展は時間と空間に適合する」といっている。知能の程度が低ければ低いほど時間に関する思想が短く、場所に関する思想が狭い。

子供は今日、明日という区別もそれほどはっきりしないし、空間的には先にある横丁のこともあまり考えない。しかし大きくなると将来のことも考えるようになるし、国のことも考えるようになる。このように知能の発展というのは時間と空間に対する思想がますます長く広くなることである。

だから、江戸っ子のように「宵越しの金は持たねえ」とか「明日は明日でどうにかなるだろう」というように考えるのは非常に低い思想であるということになる。もっとも老後のことを心配してそのために元気が萎えてしまうのは褒められたことではないけれど、自分が元気を失わないで老後のことを考えるのは、「長く広く」という観点に照らしてみれば非常に進歩した思想であるということになる。

このごろはだいぶ違ってきていると私は思うが、明治人である新渡戸博士は、この時間と空間に対する思想について日本人と西洋人の差を認めているのである。この考察については、戦後しばらく経っても彼我の差として広く一般に流布《るふ》していたように思う。

その違いとは具体的にどういうことかといえば、日本人と比べると西洋人は大体において生活の計画がはっきりしていて、些細な点まで周到に行き渡っているということである。たとえば一家の主婦でも、月曜日は洗濯をする、火曜日はお客さんと会う、水曜日は親戚知人を訪問する、金曜日は知人を招待するというように計画を立てて行動する。それとともに一日の時間も定まってくる。

たとえば、十時までならば誰もやって来ることはないから、主婦は家政婦と一緒にどんな服装をして掃除をしていても客にその姿を見られることはないというように、すべてが規則正しく行われるというのである。

新渡戸博士の知り合いのある外国人は三年先のことまで正確に予定を立てていたという。明後年の七月三日は船でどこへ行く、八月の何日はどこへ行くから、用事があれば時間を見計らってそこへ着くように手紙をくれという。そして実際にそのとおりに実行している。ところが日本人はそのへんがいいかげんで、朝飯前から客が来たりして、遠慮なしに長話をしていくというわけである。

今はこういうことはあまりあるまいが、確かに私の育ったころはお客さんが突然やって来てなかなか帰らないということがしばしばあった。いつ来るかわからないし、いつ帰るかわからないから家人にとっては迷惑この上ないのだが、先方は全くおかまいなしである。そのころはよく漫画に、客が早く帰るまじないとして、主婦が箒に手ぬぐいをかけて逆さに立てるというような絵が描かれていたものである。

しかし、さすがにこうしたことは少なくなった。今ではスケジュールを立てたりアポイントメントをとってから訪問することが社会常識になっている。子供でも手帳を持っているし、主婦でも手帳を持っている。そういう点では新渡戸博士の時代とは大きく異なり、完全に西洋的になっているといえよう。これは戦前あるいは戦争直後の日本と現在の日本との最も大きな違いの一つかもしれない。

このような時間に対する感覚の変化は日本の生活水準が欧米を超えた一つの大きな理由になっているのではないかと私は考えている。

私が尊敬する二人の戦前の学者は西洋で勉強しただけあって自分の自由時間を守ることを心がけておられたようである。

その一人は河合栄治郎先生であるが、河合先生は大学の授業が終わると週末は箱根の別荘に行って、そこで過ごされた。誰も来ない、あるいはアポイントメントをとった人しかやって来ないので、ゆっくり勉強ができるというわけである。

もう一人の小泉信三先生も年末年始は帝国ホテルに入ってしまうのが常であった。戦前に帝国ホテルに入るというのは大変な贅沢だが、自分の自由な時間を確保するためにそうされたのである。というのも、戦前あるいは戦後もしばらくの間は、新年の挨拶というのは大変厄介なものであったからである。

こういう面倒から逃れたからこそ、河合先生にしても小泉先生にしても、常に著述を続けるだけの蓄積があったのだろうと思う。計画性なくして蓄積はできないのである。

目的ある節約家は英雄豪傑にも勝る

蓄積というものをさらに考えていくと、いくつかに枝分かれすることになる。まず金銭の貯蓄がある。それから体力の貯蓄、知識の貯蓄、精神的エネルギーの貯蓄というふうになっていく。これらはいずれも人生を送るにあたって欠かせない大切なものである。

まず金銭の貯蓄の意義について考えてみよう。

新渡戸博士は「日本人は概して金銭の貯蓄をけなしたがる。そして乱費するのが偉い人のように扱う風潮がある」と指摘している。しかし、大言壮語して豪傑らしく振る舞っていても、病気になったり何かのことでお金が要るようになると、今までの英雄豪傑ぶりはペタっと萎《しお》れてしまって見られた様《ざま》ではない。そういう人が死んだあとの遺族は惨憺たるものである。博士は随分そういう例を見ていたようである。当時の新聞には、よく「何々君の遺児を救うために寄附を募る」というような広告が出たらしい。

しかし、そういう人物は英雄豪傑みたいに振る舞っていたが、実際には芸者屋とか飲み食いなどの遊興で乱費して豪傑ぶっていただけの話なのだと新渡戸博士は断じている。大久保利通は「子孫のために美田を遺さず」という考えの持ち主で、金銭の貯蓄にはほとんど関心のない人だった。しかし常に国のことを考えていて、当時の清国に自分のポケットマネーで何十人という探偵を派遣していた。だから金銭も残らなかったが、かといって、その子孫が他人の世話になるようなことはなかった。

英雄豪傑といわれる人のどれだけが、このように本当に国家のために尽くし、金を国家のために費やしたのかと尋ねると、疑わしい人も少なくないと博士はいうのである。

新渡戸博士は学生時代に吝嗇《りんしょく》といわれた同級生を例に挙げて、彼を褒め上げている。博士自身は少年時代から貯蓄思想は乏しかったそうだが、北海道で官費学生だったころに、学友の中に貯蓄心に富んだ人がいたのである。彼は非常に節約家であって、それゆえにケチだといわれて友だちの間ではあまり評判はよくなかった。そこで当時の新渡戸青年が乱費する側の代表として彼に面と向かって忠告したことがあったのだという。

しかし、それから十数年経って、博士がその男に再会すると、彼は当時の金で数万円の富をつくっていた。今の貨幣価値に換算すれば数億にもなる金である。それで自分の土地に自分の家を構えて五、六人の子供の父となり、親を養い、妻の生活の心配もない。そして在学中に何銭何厘と貯金していたときとは違って、今や百円や千円のお金は小切手で授受する身分となり、友人で困っている者には融通を与えていた。

久しぶりで会った新渡戸博士にも、「お金が要れば貸してあげるよ」というぐらいであった。そして、その子供たちは皆せかせかしたところがなくて余裕がある。かつて吝嗇ぶりを悪くいわれた父親のお陰で、子供たちは皆のびのびと育っているのである。しかしその親はケチであったかもしれないが決して不義理なことをしたわけではない。ただ後日期するところがあってコツコツ貯金をしていただけだったのである。博士はこのときのことを「実に汗顔《かんがん》に堪えぬ次第であった」と述懐し、すべからく人間はこうでありたいものだといっている。

貯蓄心ある者は将来有益な国民となる

新渡戸博士が多くの書生に交わってみた上の観察によると、書生のころにケチだといわれた者はあとに至ってよくなっていることが多いという。これは三人や四人の経験ではなくて、たくさんの例を見ての話である。

一方、学生のころには豪傑ぶって洒々落々、金銭のことは毫も省みず、人のものは俺のものというような考えの人は、ちょっと面白いようであるが、立派になる人間の歩留まりが少ない。大体は本当の豪傑にはならないで、社会の厄介者になっていることが多いという。

貯蓄心のある者は概して知能が綿密であって、頼みがいがある。何をやらせてもちゃんとやる。結び目もきっちり結んでくれる。それゆえ、吝嗇の非難に甘んじてもいっそう偉いのである。破廉恥《はれんち》な吝嗇は褒められないが、そうならない程度の貯蓄の心がけのある者は後日必ず有益な国民になると博士はいうのである。

この当時、学者でこういうことをいえた人はあまりいなかった。戦後になってから貯蓄の大切さを主張した代表的な学者は本多静六博士であって、博士はこれを実行して多大な富を築いたのだが、戦前はそんなことは口にできない風潮があったのである。

明治四十二年にある議員が自分の政権を実行するために子分が必要だといって、二、三千円のお金のためにキャリアを棒にふったことがあった。しかしこれも不正な金を受け取る機会が目の前にあっても、自分は不正な金はもらわないという固い決心ができていれば、その信念に引かれて子分になる人はなったであろうと新渡戸博士はいっている。自分の資産がなくて金をかき集めようとする人は危ないのである。

これは現在の政治の世界に当てはめて見ると非常に面白い。小泉さんは圧倒的な国民の人気で首相になったが、なぜそうなったかというと、小泉さんに子分がいなかったからである。子分がいないということは、よけいな金が要らないということである。そのために自民党の中でも一人孤立していたわけだが、これが功を奏した。

というのは、他の自民党の実力者たちはどこでどう金を集めたのかわからない人が少なくない。臆測でいえば北朝鮮系やチャイナ系の胡散臭い資金が入っているのではないかと信用できない気分が国民の中にあった。それゆえ国民の人気が得られず、小泉さんに敗れてしまったわけである。

これは日本の政界にとっても画期的な出来事であった。小泉さんの誕生を待って、ようやく怪しげな金をかき集めて子分をつくって首相になるという方式が終わったということである。これはやはり一つの進歩といえよう。

アメリカのジョンズ・ホプキンスという人は、ジョンズ・ホプキンス大学という超一流大学の創始者であるが、彼は理想の大学を創るために当時（一八〇〇年代半ば）のお金で六百万円を寄付した。またアメリカで一番完全な病院——ジョンズ・ホプキンス・ホスピタルという名前がつけられている——を創るために一千万円を寄付した。

この二大目的のために、彼は結婚もしないで、電車にも乗らないで貯蓄に励んだという。それは実に徹底していて、彼と親しい銀行家が「あなたも年をとったし、遠くに行くときは馬車に乗らなくても、せめて電車に乗ったらいいだろう」というと、「自分には二つの目的がある。最優秀の大学と最優秀の病院を創ることだ」といったというほどである。こういう人物こそが真に偉大な人物なのであると新渡戸博士はいうのである。

2. 人生設計と体力の貯蓄

体力はいざというときのために残しておけ

金銭の貯蓄の次は体力の貯蓄である。カラ元気を出して飲めや歌えやしたために病気になってしまう人がある。また、病気になればなったで、「どうせ人間、一度は死ぬんだ。来年のことをいえば鬼が笑う」とうそぶくような人が昔はよくいたものである。こういう風潮は戦後になって変わってきたと思うが、それでも作家などでは酒を飲みすぎて死んでしまった人が結構いる。

曽野綾子さんが、比較的若くして一緒に作家の世界に出た人たちが早くして亡くなってしまっているけれど、あの人たちは飲みすぎだったんだということを随筆に書いておられるのを読んだことがある。当たり前のことではあるが、いざというときのために体は大切にしなくてはならないのだということを新渡戸博士は教えているのである。

その一例として博士は桂太郎のことを述べている。桂太郎は日露戦争のときの総理大臣だが、本当に優秀な人であった。この桂太郎の座右の和歌が「実業之日本」に掲載されていたそうである。その和歌とは「一日に　十里の道を　行くよりも　十日に十里　行くぞたのしき」というものであった。

桂太郎という人は非常に目端《めはし》のきく人であって、本多静六博士も桂太郎を高く評価している。桂太郎は「自分は少尉のときには中尉になったときの仕事をマスターし、中尉になったときは大尉の仕事をマスターし、大尉になったときには少佐の仕事を全部マスターしていた。だからいつでも楽々とこなすことができた。それで総理大臣にまでなることができたのだ」といっているが、このことを「上位は常に空席である」という言い方で表している。

こういう人であるからこそ、「一日に十里行くよりも、十日かけて十里行ったほうが楽しいよ」という堅実なことがいえるのであろう。新渡戸博士も、桂太郎の考え方にならって「気長く事に従う考えを養い、しかしてそれに相当する精力を貯えるようにしたい」というのである。

一方、酒の飲みすぎという悪習とは反対に位置するようなもので、やはり当時非常に大きな弊害としてあったものに、「螢雪《けいせつ》の苦を積む」といって乱暴な勉強をする者があった。ろくなものも食べないで、薄暗い明かりのもとで一所懸命根《こん》をつめて勉強するのである。これは一見立派な心がけのように思えるが、新渡戸博士はこれも体力を乱費することであり、いよいよというときに治らない病気になってしまう者が多いのであると注意を促している。

また当時の話として、若い者は陸海軍に入るためには体を鍛練しなければならないが、そのために贅沢をしてはいけないというので、寒いときでも足袋《たび》を履かず、袷《あわせ》、単衣《ひとえぎぬ》で震えていたりするということがあった。しかしまだ十分にできあがっていない体でそういうことをやると、かえって体を壊すこともある。だから十分に身体を保護し、軍人になったときのために精力を無駄に消耗するなという戒めをしている。これも当時の日本人にとっては非常に重要な問題だったのであろう。

カラ元気は十年先の後悔を生む

新渡戸博士は体力の貯蓄にはカラ元気を出さないことが肝要であるという。西洋人であっても深酒をすることはあるが、彼らは自分の考えというものを持っているため、飲みたくなければ、久しぶりに友と会ったとしても飲まずにいられる。

ところが日本人の場合は「これも浮世の習いだ」といって、健康を害していても飲んでしまう。それによって、一層体を悪くする。そういうことをしていると、体に余裕のできる暇がない。これはちょうど、儲けた金を全部配当に回して、少しも準備金を持たない会社の経営みたいなものであって、ひとたび事が起こると簡単に崩れてしまうことになるのである。

西洋の諺に「天の挽臼《ひきうす》は磨《す》ることすこぶる遅けれども　その粉末とすることはすこぶる微細なり」とあるように、一年二年はその害を感じないとしても、十年二十年経つと必ず害が出てくるものである。とくに青年の品行の悪い行いは必ずや後悔のもととなる。これについては両親もあえて注意しないし、医者も口にしない。また、教師も不問に付すような類のことであるけれども、その害で苦しむ人は少なくない。

付言しておくと、この害とは性病のことである。当時の青年は花柳界に遊びに行くことがよくあったとはすでに述べたことだが、その放蕩の代償として性病にかかる者も多かったようである。それは原因があっての結果なので、博士はその原因となることを控えるように戒めているわけである。

こういうことを雑誌に書いていたからなのだろう、新渡戸博士のもとにはときどき神経衰弱になったような青年から「どうしたらいいか」と手紙が来たそうである。そして、そういう問い合わせをしてきた青年たちに対する博士の忠告は次のようなことだった。

冷水を浴びなさい、適度に運動しなさい、食べ物を定時に適度にとりなさい、睡眠の時間を規則的に守りなさい、床につけば邪念の起こらないうちに眠り、目が覚めたら起きなさい——どれも平凡なことばかりだが、こうすれば体のエネルギーが常に蓄えられるものだと博士はいっている。

博士は常にこう思っていたそうである。青年の元気がこのような悪習によって浪費されなければ国民の精力はどれだけ発展するだろうか。すぐに発展することはなくても、これを貯えておけば、いったん事があった場合にはどれほど役立つだろうか。精力というものは数字で表せるものではないけれど、もしそれが可能ならば、実に莫大な力であるに違いない、と。

精力は容易に消費されるものであるからこそ、意識して蓄えるように心がけることが重要なのである。

つまらない虚栄心は捨ててしまえ！

博士は、体のエネルギーを浪費するもう一つの問題は虚栄心であると指摘する。腕力があるとか剣術の腕前に優れているとか柔道の有段者であるとかいって、それを無理に使って他人に喧嘩をふっかけたり、警官にぶつかっていったりして、偉そうに思う者がいる。しかし、真にそうした腕前に優れた者であれば、時が至らなければ、また不必要なときには「こんなことには俺の力を出す価値がない」という自重がある。そういう人を真に体力を貯蓄する人というべきなのである。

その例として博士は、大阪城の名将木村長門守《ながとのかみ》重成を挙げている。重成は茶坊主に腰抜け武士と嘲られ、拳で頭をポカンと殴られたときに、その茶坊主を殴り返しもしなければ、斬りもしなかった。これが城内の評判になって、城内中に重成は腰抜けだという噂が立った。武士が茶坊主に殴られて手を出さなかったというのだから、腰抜けといわれるのももっともな話である。

この評判を聞いた同役の人が心外に思って、重成に「どうして茶坊主を懲《こ》らしめなかったのか」と問うと、重成は「あの茶坊主ははえ虫同然である」と答えた。つまり、「あんなものは咎めるに足りない。自分の武芸や力量はすべて、いざという場合に豊臣家に捧げるためにある。あのようなはえみたいな者を懲らしめるために使うことはできない」といったというのである。

そして、その言葉のとおり、木村長門守の大阪の陣での華々しい戦いぶりは全ての人が感嘆したところであった。これが虚栄心で体力の貯蓄を消耗しない、最も見事な例であると博士はいうのである。

そして、このような体力の貯蓄をするために、適度な運動をし、冷水を浴びるなど、普通に健康を保つために必要な衛生上の規則を守らなければならない。平凡なことを続けてやることが、体の貯金には重要なことなのである。このような平凡なことを持続するという考え方は、博士の修養に対する一貫した姿勢である。

3. 活かすを愉しみ、積み上げるを喜ぶ

蓄えた知識は活かしてこそ価値がある

金銭の貯蓄、体力の貯蓄の次に博士が取り上げるのは知識の貯蓄である。ただし、知識については、貯蓄の重要性というより、むしろ知識の貯蓄の弊害について注意を促している。

昔の漢学者は「学問は実に臭いものである。ちょうど大根を煮ると同じく、煮れば煮るほど臭くなるが、全く煮尽くせば臭みがなくなる」といった。つまり生煮えの大根が匂うのと同じで半端な学問は臭いものだが、学問を本当にやれば臭みがなくなるというわけである。

禅などでもこれはいえることで、本当に悟道に入った人はむしろ言葉にすることも平々淡々として、普通の人とあまり変わったところがない。ところが、生半可に修行した人は

とかく禅をやったということを振り回す。学問も同じことであって、本当に学問を身につけた人は聞かれればなんでも答えるけれど、普段は自分から知識をひけらかすようなことはしないものである。

博士はベルリンにいたときに、シュモラーという学界の泰斗と称せられた偉い先生と話して感激したことがあるという。シュモラー先生に尋ねてみると、何を聞いても実に整然としてピタリと的を得た答えが返ってくる。しかし自分のほうから専門知識を振り回すわけではない。そのことに感激したというのである。本物の学者というのは、そういうものなのである。

しかし貯蓄した知識は出さなくては意味がない。これは忘却先生のたとえのとおりである。したがって、機会が来たときにはそれを逸しないで出すようにしなくてはいけないのである。それをせずに、時期を逃して適当でないときに知識を振り回すのは愚者の放言と同じである。このような「下司《げす》の後智慧」になってはいけない。だから知識は蓄えるが、それは必ず活用するための知力を蓄えるということでなくてはならないと博士はいうのである。

積徳は人生最大の喜びをもたらす

貯蓄についての文章の最後に新渡戸博士は徳の貯蓄を取り上げている。徳の貯蓄とは善行を少しずつでもいいから積みなさいということである。これはお金で換算するわけにもいかないし、計ることのできないものではあるけれど、しかしお金のように失敗したからといってなくなることもないし、知識のように病気のために忘れてしまうということもないものである。つまり、徳を積むということはそれだけの価値があるということになる。

とはいっても凡夫は悪を行いやすいものである。毎日多少は善いことをしても、同時に多少は悪いことをする。したがって、徳はなかなか積み上がらないかもしれないが、それに失望することなくコツコツと積み上げることを心がけることが大切である。

そのように徳を積んだからといって栄華を極めることはできないかもしれないし、人から称えられたり給料が増えるかどうかも確かなことではない。けれども、徳を積む人は人から嫉まれることはないし、むしろ嫉む人を教化する力を持っている。

そして何よりも人の知らない楽しみを手にすることができる。金では買えない満足と快楽を得ることができるのである。したがって、こうした人は世の中に対する不満も仕事に対する不平も抱くことがなくなる、と新渡戸博士はいう。

ここに私の意見をつけ加えるとすれば、これはおそらく「陰徳あるものは陽報あり」ということだと思うのである。徳を積むことは、喉が乾いたときにすぐに水を飲めるというような効き目はないけれど、暗々裡《あんあんり》にいいことが回ってくるということがある。これはつまり、「積善の家に余慶あり」と同じ意味である。

こういう話がある。双頭の蛇という、頭が二つある蛇を見た者は必ず死ぬという言い伝えがあった。ところがある少年が山で双頭の蛇を見てしまった。それで自分は死んでしまうのだといって泣きながら帰ってきた。

和尚さんがその蛇をどうしたと聞くと、少年は他の人がまた見ると悪いと思って殺してきたと答えた。和尚さんは感心して、「お前は死ぬことはないよ。他の人が見ないように殺したということは徳を積んだことだから、もう双頭の蛇を見ると死ぬという呪いはなくなっているんだよ」といった。このように「陰徳」つまり表に現れない徳を積むと、「陽報」つまり表に現れたいい報いがあるということなのである。

「人生に最も重大で最も欠くべからざるものは、各自に備わっている。その力を発揮すれば、地を怨む必要もないし、天を呪う必要もない」と新渡戸博士はいう。この各自に備わっているものとは、つまり徳を積もうとする心がけを持つということなのである。

第七章 ◎ 試練を愉しみ、安楽に耐える

苦しみに堪《た》えれば、必ずその報いは来る。悲しむ者は幸いなりという教訓さえある。苦しみはいつまでも続くものでない。ゆえに、逆境にある人は常に「もう少しだ、もう少しだ」と思うて進むがよい。いずれの日か、必ず前途に光明を望む。

（第十章「逆境にある時の心得」より）

1. 逆境は誰にでもやってくる

順境の中に逆があり、逆境の中に順がある

逆境は世の中の誰一人として逃れることのできないことであると新渡戸博士はいう。たとえば佐藤一斎は『言志晩録』の中でこういっている。

「人の一生には順境あり逆境あるは消長の数あり。怪しむべきものなし。余《よ》また自ら検するに、順中の逆あり、逆中の順あり、よろしくその逆に処しあえて易心《いしん》を生ぜざるべし。その順におり、あえて惰心をおこさざるべし。ただ、一の敬の字、もって逆順を貫くべきなり」

つまり、順境といい逆境といい、なかなか定め難く、順境だと思えば逆境になり、逆境だと思えば順境になるといった具合である。だから順境にあっても怠りの気持ちを起こさずに、ただただ謹んで行動するより仕方がないのである。

名声一代に轟き、世人の尊敬を集めた人でも、義理に絡まれて、西郷南洲のように終わ

りを全うしない人もいるし、伊藤博文のように非業の死を遂げる人もいる。それゆえ何が順か何が逆かもひとことでいえるようなことではないのである。

また、ある人はこんな歌を残している。「咲かざれば　桜を人の　折らましや　さくらの仇は　さくらなりけり」。桜の枝も花が咲かなければ折る人もないのに、咲くから折られるのだ、ということである。こうなると桜の敵は桜だというようなことになって、順も逆も考え方によってはあってないようなものだということになる。

リンカーンは本当に偉い人で、その死に対しては全国民が哀悼の情を捧げた。だが、考えてみれば不幸な人であったともいえるのである。子供のころは極端な貧乏で、着るものも靴さえもろくになかった。人里離れたところに住み、ろくな教育も受けられなかったし、書物を買うこともできなかった。ワシントンの伝記を借りるために、数里の先まで歩いて行ったという話もある。それにお母さんも早くに死んでしまった。

しかし、リンカーンはそれほど苦しいところを通り抜けたけれども、ゆったりとした人物で、ユーモアのセンスがあった。これはリンカーンには逆境に対する覚悟があったと見なければならない。

彼は大統領になったが、その内閣の閣僚たちの中には、リンカーンのいうことを聞かない人もたくさんいた。スワードという人は、学問もあり家柄もあって、非常に名望のあった人だが、リンカーンには反対の立場を表明した。陸軍長官のスタントンという男は傲慢無礼で、南北戦争中、戦場の報告が来てもリンカーンに隠《かく》して、自分で勝手に命令を下していた。歴史的に見れば、大統領になるというのは順境に立ったように見えるが、実際はこのように逆境の中にいたのである。

それにもかかわらず、彼はそんな逆境にあることなど微塵も感じさせなかった。会議が終わればおどけ話をするような懐の大きい人であった。まさにリンカーンは、逆境をいかに克服するかという最高の手本のような人であると思う。だから逆境にあって志のある人は、リンカーンの伝記を読むのがいいのではないだろうか。新渡戸博士もその伝記を読むことを勧めている。

また博士は水戸黄門を例に挙げる。水戸黄門が隠居してのんびり生活しているのを羨んだ人があった。そのとき水戸黄門はこういう歌を詠じたという。「見ればただ　何んの苦もなき　水鳥の　足にひまなき　我が思ひかな」。

黄門は水戸藩を揺るがすような大金を使って『大日本史』を編さんしていたわけだから、呑気なようでいながら、決してその心中は穏やかではなかったということだろう。それはあたかも水鳥のごとく、水面に出ている部分は何も苦労のないように見えるが、水面下では必死に足を動かしているのである。

これらの例に見られるように、順境に見えても実は楽ではないということがわれわれの人生には数えきれないほどあるということなのである。

人は自分の責任を認めたがらないものである

新渡戸博士は逆境というものには二つあるといっている。

一つは自業自得というものであって、自分が悪いから逆境に陥ってしまった場合である。もう一つは運命であって、これはどうしようもないものである。「天道果たして是か非か」と思わず天に向かって叫んでしまうというような出来事は後者にあたる。しかし博士は、なんといっても逆境は自分でつくってしまう前者のものが大部分なのだと指摘するのである。しかも、人は逆境になると、その意味をよく考えず、他人になすりつける癖がある。

たとえば人からご馳走になって帰ってきて風邪をひいたりすると、「あいつに呼ばれて冬の夜風に当たったから風邪にかかってしまった」というように、自分の注意が足りなかったことを棚に上げてしまう。極端になると、自分の品行が悪いのは遺伝であって親が悪いのだ、これは祖先の罪なのだというところまで行く者もある。

このようになんでもかんでも他人のせいにする人というのは、幸田露伴の言葉でいえば、「絹でできた紐を引っ張ろうとする者」である。絹でできた紐は手触りがいいから引っ張っていても気持ちがいい。しかしそれは不運を引き寄せることなのである。一方、すべてを自分のせいにするというのは針金を引っ張るようなものであって、手が切れて痛い。しかしそれは福運を引き寄せることなのだ。ところが多くの人はそういう痛い目に遭うのが嫌だから、すべて他人にせいにして自分は傷つかないようにするわけである。

新渡戸博士は次のようなたとえ話を紹介している。とんでもない二人組の話である。甲乙二人が共同して羊を百匹飼っていた。あるとき甲が牧場から羊を連れて帰ると、一匹が死んでしまった。すると乙は「おまえが悪い草を食わせたからだ。お前が殺したも同然だ」と甲を非難した。

すると甲は「いや、死ぬというのは、その日に食った草で死ぬんじゃない。昨日おまえが牧場に連れて行ったときに悪い草を食わせたのが原因だ」といい返して、互いに責任を押し付けようとした。そこで、それでは互いに独立して四十九匹ずつ羊を分けて飼い、余った一匹だけを共同で飼おうということになった。

そのうちに羊の毛を刈る季節になった。甲はもう時期だから毛を刈ろうといい、乙はまだ早いといった。それでも分配した羊の毛についてはそれぞれの考えで判断すればよかったが、共同で飼っている一匹の扱いでまた喧嘩になった。

結局甲は羊の右側の毛だけを刈った。乙は刈らないで元のままにしておいた。すると翌日、この綿羊は死んでしまったのである。そうすると乙は「甲が右側の毛を刈ったから風邪にかかって倒れたのだ」といい、甲は「乙が毛を刈らなかったから、左側が重くて倒れたのだ」といって争って、ついに裁判になってしまった。

全く馬鹿げた話なのだが、それぐらい人は人のせいにしたがるものである。しかし、こういうことがすべて自らに逆境を招く現象なのだと博士はいうのである。

自分で自分を追い込んでいることはないか

また逆境には、傍から見ればそう大したことでもないのに、自分が頭の中で勝手につくり上げているものがある。

新渡戸博士の知り合いの学生が二人、東京に訪ねてきたことがあった。一人は北海道出身であり、一人は博士と同じ岩手県出身である。博士は、二人がせっかく東京に出てきたのだからと一日がかりで浅草をはじめとする東京の名所に案内した。そうしたところ北海道の学生は非常に感謝して、「あんなに忙しい身分でありながら、よくも自分のために一日つぶしてくださった。車代もかかったであろう、昼飯の鰻も安くなかったであろう」といって心より満足した。

これに対して岩手の学生は非常に不満足だった。自分がはるばる東京まで出かけて行ったのに、たった一日しか案内してくれず、それも広い市中をのろのろした車に乗せられて、昼飯も鰻飯ぐらいで追い払われてしまったと文句をいったのである。

新渡戸博士にしてみれば、この学生になんの義理があるわけではない。ただ、この学生は、博士に数日間馬車を乗り回して東京市中を案内してもらい、精養軒か八百膳あたりで御馳走になることを勝手に期待していたのである。しかし、なんの義理もないのにそんなことを要求する権利はどこにもない。だが彼は博士が多少の月給をもらっていることを知っていて、少しは自分のために使ってくれたっていいじゃないかという考えを持っていたのである。

これは不満というものはどうやっても出てくるものであるということの一つの例である。新渡戸博士にしてみれば、多少の給料はもらっているけれど、家族もいるし、本も買わなくてはいけない。そういう身分になれば外国人との交際もあるし、何時間も田舎から出て来た学生を案内して回るわけにはいかない。これは考えてみれば明白なことなのだが、しかしこの学生みたいな者が世の中には実に多いのである。

たとえば、「なぜ社会は自分をこんなに虐待するのか」といつも不平不満をいっている人がいる。しかし、社会は別にその人を虐待しているわけではなくて、本人が勝手にそう思い込んでいるだけなのである。「自分で逆境をつくりながら、他人のために逆境に陥れられたように社会を怨むのははなはだ遺憾なことである」と新渡戸博士は嘆いているのである。

人間万事塞翁が馬

逆境と順境というものはあってないようなものだということを教える「人間万事塞翁《さいおう》が

馬」という有名な話がある。この話は順境逆境いずれの場合でも知っておいていいことだろうと新渡戸博士は述べている。それはこういう話である。

昔、塞上の翁の馬が逃げてしまったとき、隣人が「馬が逃げて気の毒ですね」といったところ、「まあまあ」とこの老人は悲しまなかった。

数か月後に、この馬が偶然すばらしい馬を連れて帰ってきた。今度は隣人が「なくなったと思った馬が、いい馬を連れて帰ってきた。まあおめでたいことでした」というと、老人は少しも嬉しそうな顔をしなかった。

間もなく、子供がこのいい馬に乗って遊んでいたら、落ちて背中を打って体が不自由になってしまった。「お気の毒なことをしましたね」と近所の人はいったが、老人はまた悲しむ様子がなかった。

そうしたら、間もなく隣国との間で戦争が起こって敵兵が襲来してきた。国は若者を徴兵して防御に努めたけれども、戦いが激しく、出征兵士の十分の九までも戦死した。しかしこの老人の子供は体が不自由になっていたので徴兵の義務を免れて、父母のもとで安全な生活を送ることができた。

これが塞翁の馬の話である。何が幸運で何が不幸か、そんなものはわかるものかということである。この諺に博士は賛成するのである。

人間の社会はすべてかくの如きものである。「禍福はあざなえる縄のごとし」というように、常に互いに回転しているものである。修養を積んだ人は、「順逆一視し、しかも欣《きん》戚《せき》ふたつながら忘るべし」、つまり順も逆も一つに見て、そして喜びも悲しみも二つながら忘れて、それらを超越して天を楽しみ、命に安んじていることができる。喜びも憂いとなり、憂いも喜びとなることを知れば、逆境にあるときにこれを善用するようになれば大いなる修養の材料となるし、しかも、それによって順境に到達することができるというのである。

2. 不運を好転させる発想法

逆境にあるときは首を伸ばして先を見ろ

このように何が逆境で何が順境なのかは簡単に判断できるものではない。だが実際には、逆境の中にあるように見える人を観察するといくつかの共通項が見られる。まず第一には「ヤケになりやすい」ということがある。

国民性として見ると、日本人はフランス、イタリア、スペインなどのラテン民族の国民性と酷似していて、やけっぱちになりやすいと博士は指摘している。そして、そのことを心配しているのだが、図らずもその憂いは先の戦争で的中してしまった。あのとき日本は最後の最後でやけっぱちを起こしてしまって、アメリカ、イギリスを敵に回してしまったのである。

確かに私は米英の奸策《かんさく》によって日本は戦争をせざるを得ない状況に追い込まれたと思っ

ているが、石油がある国と石油がない国が戦争をすればどういう結末になるかということは端《はな》から明らかなことである。当時の指導層がそこまで見通していれば、ヤケにならずに別の突破口を見出すことができたかもしれない。

しかし、結局日本はやけっぱちになって戦争に打って出た。これが新渡戸博士のいわれる国民性ということなのであろう。博士は、逆境のときには一歩退いて「はて、この先は…」と考えてみると、一条の光が前方に輝くことがあるものだといっている。目の前にあることのみにくらまされてやけっぱちになるなと教えているのである。戦争の指導者たちがこの教えを守って行動していたら、歴史は間違いなく変わっていたことだろう。

台湾の民生局長だった後藤新平が勝海舟から聞いた話として、博士はこういう逸話を挙げている。

後藤は元来は医者だったので、勝は「君は医学生だから首の筋肉作用ぐらいは知ってるだろうね。しかし知らないやつが多いよ。首を横や縦に動かすことは知っておるがね。何か起こったときに、ちょいと首を伸ばして向こうを見通すことができない者が多い」といったというのである。

目先のことにやけにならないで首を伸ばしてみろ。そうすると先が見えてくることもあると勝は後藤に教えているのである。

また、こういう話もある。新渡戸博士のところに、あることで学校から退学を命じられた学生から手紙が来た。手紙によると「自分の過失で退学を命じられた。それは自分に非があるのだから仕方ないが、私の母は午前四時ごろから起きて洗濯その他の仕事をして自分のために学資をつくってくれた。それがわずかの過ちのために退学を命じられて、顔向けができない。もう自殺しようかと思ったが、母のことを考えると死ぬわけにもいかない。再び自分は社会に復帰することができるでしょうか」という内容であった。

すぐに博士は「本当の事情は手紙だけではわからないけれども、破廉恥的なことでなければ、君がその過ちを悔いて謹慎の意を表すれば、退校の不名誉を回復するのは簡単なことである。またそのような様子を見れば、学校も復校を許してくれるのではないか」と返事を書いて出した。

すると二週間ぐらい経ったころ、青年からまた手紙が届いた。そこには「教えのとおり謹慎しておりましたら、復校を許されました」とあった。ヤケになって自殺しなくてよかったという話である。

この話をもって新渡戸博士は、「境遇より一歩退いて考えれば、前途が見え、執るべき手段態度が発見されるであろう」と教えている。

社会というものはヤケになった人が考えるほど無情なものではないと博士はいう。逆境にあるときこそ、もう少しだ、もう少しだと我慢して、それこそ勝海舟の教えに従って首を伸ばして先を見るという精神が重要なのではないのかということなのである。

人の喜びを祝福できないのは悲しいことである

逆境にある人の特徴の第二は、「他人のいいところをうらみやすい」ということである。「うらみ」というのは「うらやみ」に通じる。『言海』には、うらやみとは「心病」と書くとある。英語の「うらやむ」(envy)というのも、語源的に見ると「見る」(vision)と同じ意味になる。人のいいところを見て腹を立てるのは envy である。だからある人が出世すると、秘密に何か運動したんじゃないかと考えたりする。

この一つの例として、新渡戸博士は例のごとく自ら体験した話を挙げる。

あるとき博士のところに郷里から老婦人がやってきた。東京見物をさせたあとに、鎌倉江の島を見せてやろうと思ったところ、老婦人は「郷里には老人が待っていますので見合わせます」という。

「そんなことといわないで見たらいいだろう。せっかく東京まで出てきて、鎌倉江の島まで行って一息ついたらいいじゃないか。土産話でも持って帰れば年寄りも喜ぶだろう」と博士はいったが、老婦人は「いや、私が見物して帰れば、老人から年取った自分をさておいて、自分一人が鎌倉江の島の見物とは何のことかといわれる」といって、ついに見ずに終わった。

こうしたうらやみの気持ちは誰もが抱きがちな感情だが、逆境にある人はとくにこうした感情を抱きやすい。ある人が愉快になったとしても自分は全然損しないのに、一緒に喜ぶ気持ちがなかなか持てない。人が楽しむのを見ると自分が損したように思う。逆にすれば、人が不幸なのは気味がいいというところまでいってしまう。

経済学が幼稚なころは、甲が得すれば乙が損するというようなことを考えた。だから外国貿易でも、重商主義のころは貿易は両方の国がお互いに得するのだという考えは起こらなかった。

ところが本当はそうではなくて、両方が得するから貿易になっているのである。また自分の喜びを他の人に分けても、自分の喜びは減るわけではない。他人が嬉しがっているのを一緒に喜んで笑っても、自分の損にはならない。にもかかわらず、経済学にも迷信があったように、人情の交わりにも迷信が残っているのである。

人が得したといえば自分が損したと思い、人が金を儲けたといえば自分のものをとられたように感じ、人が名誉を得れば自分が侮辱を受けたように思う。人が新しいことを覚えると、自分の知識が減ったように思う。他人の月給が上がったと聞いて、自分が罰金を課せられたように思う。他人が出世すると自分が降格されたように思う。これが要するに逆境にいる人の感じやすいうらやみの情というものである。ああ、人間のうらやみの気持ちはなんと恐ろしいものであるかと博士は嘆いているのである。

すべての責を自分に帰せば他人を怨む必要はない

逆境の人の第三の特徴は、「他人を怨みやすい」ということである。先に述べたように、逆境に陥った申し訳をつくる。自分の責任を逃れ、これを他人のせいにしたがる傾向がある。

新渡戸博士のところに就職を頼みに来た男がいた。その男は博士に「某君はかなり不親切な男だ。できるはずの就職口も、あいつのお陰でできなかった」というような不平をもらした。彼がいうには、その顚末とは次のようなことであった。

彼はいろいろな事情があって、今まで一か所の職場になかなか落ち着かない男であった。しかし、今度こそはと決心し、その某氏に就職の仲介の労を執ってもらいたいと依頼した。某氏はそれを承諾して、事情を説明してある会社に紹介した。

ところがその会社はちょうど不景気で、新たに採用することができないといって断った。すると彼は、自分がその会社に就職できなかったのは、今まで自分が一か所に落ち着かなかったことを某氏が先方の会社にわざわざ明らかにしたためであると疑って、某氏を深く怨むようになったというわけである。

これは一種のひがみである。某氏が過去に一か所に落ち着かなかったことを述べたのはよくなかったかもしれないが、職を仲介するにあたっては従来の事情を告げないわけにはいかない。それに、いくら決心したとはいえ、それを某氏が保証するわけにもいかない。したがって、某氏のやり方には無理がなかったと思われるが、どうしても長年逆境にある人はひがみやすいものなのである。自然に心がねじけて、他を怨むようになってしまうものである、と博士は述べている。

世話をしてくれと頼まれたから世話をしたら、あとで怨まれるというのは間尺の合わない話であるが、それはよく聞く話でもある。

だから、「人に世話の種子をまけば怨みを収穫することを覚悟せよ」ということになる。これはなかなか厳しい話であるが、新渡戸博士がこういうことをいったら、先輩が「そのとおりだ」と手を打って同感してくれたという。

逆境にいた人に「給料は安くてもいいから世話をしてくれ」といわれて紹介すると、数か月は「お陰さまで」と喜ぶけれど、しばらく経つと、社長は自分を重要視してくれない、信任してくれない、他人と差別されているなどと不平を並べ始める。

一年も経つと、今度は「月給も上げてくれない。あんなところに世話されるならば、むしろもとのところにいたほうがよかった」といいだす。こうなると世話をしないほうがいいという話になってしまうが、確かに逆境の人にありがちなことであると思う。だから「逆境に陥った理由を己に求め、今日かくあるのは自分の責任であると観念を決める」ことを博士は忠告する。

逆境にあるというのは九九パーセントぐらいは自分の失敗に基づくものだと考えれば、他人を怨むことはなくなるだろうというのである。

逆境を大きなものと考えすぎないことも大事

逆境に陥った人の中には「天道果たして是か非か」という怨み方をする者がある。そして、このように天を怨むような気持ちになる人には二つの反応がある。一つは頑《かたく》なになって人に対して敵愾心《てきがいしん》を起こす。もう神も仏もいらない、天も人もすべて敵だと考えるようになる。

もう一つは逆にふにゃふにゃと柔らかくなって、世の無常を感じ、世のはかなさを思うようになる。その結果、出家するとか山奥に隠遁《いんとん》してしまったりする。昔の仏教徒やキリスト教徒にこういう人がたくさんいた。

イギリスのハクスリーは、自然・天はアモラルなものであるといった。だから怨むも怨まないも、道徳的にプラス・マイナスはないのだといっている。これはそういうものであろう。だから「天道是か非か」というのは愚かな話である。にもかかわらず、逆境にある人は天にまで責任を負わせ、怨みたがるものである。

これは逆境というものを過大視しすぎているところに問題があるのではないか、と博士はいう。客観的に見ると、逆境というのはそれほど過大でない場合が多い。

たとえば金持ちが金を失うと逆境に陥ったといって天を怨む。だが、果たしてこれは逆境というほどのものなのか。もし貧困になったから天を怨むということが正しければ、金は天の賜物という結論になってしまう。しかし、金を得たために初めて天の恵みを知ったという話はとんと聞かない。これは論理的にもおかしなことである。

つまり、それは逆境に陥った人が「人生の幸福を得るためには金がなくてはならない」という妄念にとりつかれているからではないのか。そのように金を過大視しすぎるから、それを失ったときに天まで怨んでしまうのではないのか、というわけである。

名誉もまた同じである。名誉のために傲慢なことをやり、それを濫用すれば、たちまちのうちに禍を受けることになる。そうなったならば、名誉があったことがむしろよくなかったということになってしまう。名誉を失っても、それを失ったことで逆境がなくなったというようにも考えられるのである。そうなると、果たして名誉というものはそれほど幸福なものであるのだろうかと博士は疑問を投げかけているのである。

天は決して人間を虐待しはしない。ただ聖書には「神はその愛する人を試みたもう」とある。孟子も「天のまさに大任をこの人に降さんとするや、必ずまずその心志を苦しめ」

というように、古人は天が使命を与えるときは人を苦しめるものであるという受け取り方をしている。

キリスト教も儒教も、逆境に対しては天が与えてくれた試練であるとプラス発想で受け取ることを教えているのである。だから、たとえ失敗しても災禍に遭っても、それらの価値を誇大視しすぎず、執着しないようにすれば、天を怨む考えは起こらなくなるだろうと博士はいうのである。

どんな境遇にあっても同情心を忘れてはいけない

逆境に入ると他人に対して同情心がなくなるということもある。それだけならまだしも、他人も自分のような目に遭えばいいということを考えるようになってしまうことがある。これはとくに日本人に最も多い短所であろうと新渡戸博士は指摘する。

一例としては、子供が玩具や衣服を欲しがる場合に、親が「自分の子供時代もそういうものが欲しかったがもらったことがない。贅沢である」と一言の下にはねつけてしまうようなことがある。これは博士自身にもその経験があるそうであるが、この点において、当時のクエーカー教徒のアメリカ人は日本人と違っていたと博士はいう。

知り合いのクエーカー教徒のアメリカ人に今の話をしたところ、「それはよくない」といわれたというのである。「自分が子供のときに欲しくても買えなかった物なら、今の子供も定めし欲しく感ずるということがわかるはずではないか。自分が欲しかった情に引きくらべて、欲しがる子供に買ってやるのは当然ではなかろうか。自分がもらえなかったから、子供にも持たせないというのは間違いである」といわれ、反省したという話を挙げている。

今の若い人たちは、われわれの若いときを思えば贅沢である。学生でも平気で車を乗り回している。われわれの時代は自動車を持つなどというのは社長ぐらいの身分でなければありえなかった。また、昔の夫婦者なら、何年も貯金してようやく冷蔵庫を買ったというようなことが普通だったけれど、今は結婚する前から持っていくのが当たり前である。しかしそれは喜んでやるべきことなのである。

自分たちのころは何年間も持てなかったのに、いい時代になったというふうに考えるのがいいのだと博士はいうのである。そういう人間になるために修養を積むのである。

ただし、現実を見ると、人は自分が不幸になると他人の不幸に対して鈍感になるというのはありがちなことである。これについて新渡戸博士は母親の死に際しての自分の体験を挙げている。

博士が十年ぶりでお母さんに会えると思って北海道から郷里に戻って来たところ、お母さんはその三日前に亡くなって、もう葬式も終わっていたというのである。その通知は送られていたけれど、博士が北海道を発ってから着いたので行き違いになってしまって知らなかった。それからは実に悲しくて、他の人が母を失ったと聞いても、なんとなく同情が薄らいだという。

亡くなった人の年齢が博士のお母さんよりも老齢であった場合、それは当然のことではないかと思ったりしたし、母を失った人の年齢が自分よりも上であれば、自分より長くお母さんに養われていて幸せだったじゃないかと思った。このように、なんでもかんでも他人のことにはあまり同情をしなくなったという。

博士は子供を亡くしたときにもこれと同じような心境になったといっている。あまりに悲しくて、他の人にあまり同情がいかなくなるということを経験したそうである。

しかし、このような態度は自分も不快になるし、人にも不快を与えることであって、「あたかも氷を懐いて世を渡るがごとく、接する人の心を冷ややかにしてしまう」ことだから気をつけなくてはいけない。なんとしても克服しなくてはならないことなのであるという。

受けた傷は必ず何かに役立つものである

逆境の人は心が傷つきやすい。これは当然である。一方、逆境をくぐった人はそれによって鍛錬されるから人物が堅固になる。これはいいことのように見えるが、反面、しばしばスラリとした伸び伸びしたところがなくなってしまうことがある。「しっかりしているのだが、温かなところがない感じになったりすることがある」と博士は観察している。

昔戦争で使った法螺貝を取るとき、漁師はなるべく傷の多いものを選んだそうである。その理由は、海の底で波に打たれて叩かれて、あっちの岩やこっちの岩にぶつかって余計に艱難《かんなん》を重ねた殻が一番いい音を出すといわれていたからである。

しかし博士はこのいわれに疑問を呈している。確かに傷は貝の性質を堅固ならしめただろうが、いい音を出す出さぬは傷以外の力によるものと思われる、というのである。

また、こういうことがあったという。博士が眼病になって本が読めなくなったとき、友達の宮部金吾博士が見舞ってくれた。宮部博士はわざわざ病床で本を読み聞かせてくれるなどして、非常に誠実に看護してくれた。そこにたまたま長年逆境と苦闘していた老人が見舞いに来て、この有り様を見て非常におかしく思った。「宮部さんはあんな親切な方であろうか。一日中友達の側で看護したのは、本当の心から出たのだろうか。傍から見ると、どうも人前を飾っているとは思わないけれども、世の中にはああいう親切な人があるもんだろうか」と頭を捻ったというのである。

この老人はあまりにも多くの逆境を経て、世間の人はみんな冷酷な人であると思い込んでいたため、親切な宮部博士のことが信じられなかったのである。逆境で育った人の恐ろしさとはこういうことなのである。

一方、逆境で非常に傷は増えたけれど、それがプラスに働いた偉い人たちもいる。たとえば伊藤博文と井上馨の関係がそうである。この二人は必ずしも意見が一致しないことが多かった。また幕府の時代の身分で見ると井上馨はかなり上の身分だったけれど、伊藤博文はずっと下っぱの足軽程度だったという違いもある。

ただ、この二人は苦労して密出国して一緒にロンドンに行った仲である。しかも契約書の間違いか何かで船でこき使われたり、甲板から流されそうになりながらも助け合ったことがあったから、終生仲が良かった。意見が対立して喧嘩をすることがあっても友情は決して壊れなかった。これは命がけの苦労をともに何度もくぐったためにかえって仲がよくなったという例であろう。

人間は非常に傷を負って人生の悲哀にあるときに、どうしてこんなことになるんだと思うかもしれない。けれども、それは「男についている乳首」みたいなものであって、全く無用のようだけれど、その存在理由が学術上まだわからないものと同じなのだと博士はいう。

同じように、なぜこんなに辛い目に遭うのかと思っても、これには何かの使命が含まれていると信ずるよりほかに仕方がないと諭《さと》している。そうすれば、うまく行けば信仰を得ることができるし、そうはならなくても好奇心が湧いてくる。そして、辛酸に対して堪え忍ぶ力を養成することができる。このように人生の悲哀とは修養の糧にするべきものなのである。

3．試練を見つめ、受け入れる

苦しさを打ち明けるときは相手を選べ

逆境にある人は、しばしば英語で wet blanket（濡れた毛布）といわれるタイプの人になりやすい、と新渡戸博士はいう。この「濡れた毛布」といわれる人とは、みんなが楽しく話しているときに、その人が加わると濡れた毛布をかけられたように一座がしらけてしまうというようなタイプの人を指す。

こういう人は一般に逆境に育って、性質が曲がって依怙地《いこじ》になっている場合が多い。いつでも世間は無情である、冷酷であると思っているが、実は自分がそう思っているだけなのである。「世間は冷酷だ」と思っているから他人に対しても同情がない。だから、他人からも同情されないだけなのである。

これはいわゆる以心伝心というものであるが、そのことが理解できないのである。そういう「濡れた毛布」のような人が一人混じっただけで座が暗くなったりしらけてしまう。これは大変よくわかる。

こういう逆境の人は相手かまわずに愚痴をいう。それを新渡戸博士は一種の「こじき根性」であるという。こじきが「右や左の旦那様」と相手かまわず自分の窮状を訴え、憐れみを乞うのと全く変わりがないというのである。そういう愚痴も、本当の友達にいうのであればいいのだが、誰彼の見境なくいうことには注意をしなければならない。

心のうちで思っていることをすべて打ち明ける人を世間はサッパリした秘密のない人と好感をもって評価する。兼好法師も「思うこと言わぬは腹ふくるる業《わざ》なり」といっている。もちろん隠し事をしないのはいいことに違いないのだが、何もかもを打ち明ければいいというものではない。世の中には明らかにする必要のないこともたくさんある。

わかりやすい例を挙げれば、夫婦間の話で、第三者にいうべきではないことがある。秘密にするのはよくないといっても、そういうことまであからさまに話す必要はない。宗教的観念もすなわちそういうもので、自分の心の中だけで思っていればいいことであって、宗教で文句をいいあうことはないのである。あるいは暴いても罪にはならないし名誉を傷つけることにもならないけれど、あえて打ち明ける必要のないこともよくあるものである。

したがって逆境にある人は、どうしても話したいことがあるのなら、そうするにふさわしい相手、友人を選んで話すべきである。相手を選ばずに見境なく打ち明けていると、話が伝わっていくうちに尾ひれがついて、ますます真意から遠ざかり、かえって自分の心を傷める種子を増やすだけであると博士は忠告するのである。

不意の出来事に慌てると逆境はますます深くなる

また逆境のときは、足元から飛び立った鳥に驚いて、その一瞬、今飛び立った鳥はどんな鳥だったのかがわからないというようなことが多い。つまり、突然不幸が起こったときには、降りかかった不幸の真相がわからない場合が多いので、肝をつぶして慌ててはいけないということである。世の中にはじっくりと時間をかけて考えてもいいことがいくらでもあるのだと博士はいう。

たとえば、火事が起こったときにすぐに火を消さなければならないのは当然のことだが、消火のあとには失火で火事を再び起こさないようにする方法を考える余裕が十分にある。同じように泥棒にあってこれを捕まえたあとは、警察に引き渡すか、許してやるか、説教して改心させるかなど、いろいろ考えることがある。病気もそのとおりであって、とにかく目の前に逆境が現れたら、即座に手を打たなくてはならないものと、ゆっくり考えてもいいものとの区別をしなければならないのである。

このことについて新渡戸博士は非常に変わった体験について話している。それは博士の友人で、非常に忙しかった人が重病になって、三年かかって治ったという話である。

この人は過労で、勤務先から帰ると急に倒れてしまった。すると奥さんが「あなたは仕事のしすぎでしたから、こんなこともあるのかと思って心配しておりましたが、まさか今日こうなるとは思いませんでした」といって泣きだした。

ところが、その翌日になると、奥さんはご主人に向かってこういった。「私も非常に驚いてくたびれましたから、三日間転地保養に行きたいと思います。お暇をください」。そういって看護婦にあとを任せて出かけてしまった。

病気は一向によくならず、ご主人が奥さんの分別を疑い出したところに予定どおり三日で奥さんが帰ってきた。帰ってくるとともに、今度は非常に熱心に注意して看護に努めた。病気は重く、全快するまで三年もかかったが、この間奥さんは本当に献身的に介抱をしたという。

病気が治って五年もたったのちのあるとき、ご主人は「どうしてあのとき急におまえは三日間いなくなったのか」と奥さんに聞いてみた。すると奥さんはこう答えた。

「あなたの様子を見て、こんなに過労を重ねていたらそのうち病気になるだろうと思ってはいましたが、今日明日のこととは思っていませんでした。

ところが足元から鳥が飛び立つかのように急に病気になられたから、すぐに善後の策を考えなくてはいけないと思いました。しかし、これは冷静に考える必要がある。病人の側にいては考える暇がないから、しばらく離れてゆっくりこれからの計画をしなくてはならないと思ったのが一つの理由です。

それから、あまりびっくりして、実はその夜多量に血を吐いたのです。看護すべき自分が病気になっては困ると思ったので、しばらく静養して興奮した気を鎮めなくてはと思ったのがもう一つの理由です。

要するに、あなたのご病気の始末と自分の休養のために、この禍いの軽重を計り、善後策を考えるために、三日間のお暇をもらったのです」と。

これは博士の友人の事実談だという。この奥さんのような考え方をする人は少ないだろうとは思う。しかし、逆境というものはおおよそ不意をついて起こるものだから、誰でも度を失ってしまいがちなものである。そこで極端な場合、このときの奥さんのように倒れたご主人をしばらく看護婦に預けて、三日ぐらい頭を鎮めて、自分の健康状態も調整してから戻ってくるという人も現れるのである。

この例は極端ではあるけれど、とにかく狼狽しないことが大切なのである。そこで下手に慌てて騒ぎ立てると、ますます逆境に深入りしてしまい、脱出できなくなってしまうことになってしまう。

試練をプラスに用いることを覚えよ

逆境とは誰にでも起こるものである。ひとたび逆境に陥ると、人はその影響を受け、心に傷を負い、ややもすると人を怨んだり嫉んだり、天に向かって不平不満をぶつけたりしてしまう。しかし、そういうことをしても逆境から逃れることはできず、むしろさらに大きな逆境を招いてしまうことになりかねない。

逆境が避けられないものであり、また簡単に取り除けないものである以上、われわれはそれとつきあっていくより仕方はない。では、どのように逆境とつきあっていけばいいのか。新渡戸博士は「僕はむしろこれを善用したい」という。

つまり、逆境に陥ったときには、それをプラスに変えるように心を練ればいいというのである。災いが起こったときに他人のせいにするのではなく、むしろそれを自分の修養の機会とすればいいのである。

『菜根譚』に「天から降って起こったような不幸なことは測るわけにはいかない。そういうことがあれば、英雄でも度を失い、豪傑でも引っ繰り返るようなものである。しかし立派な人は、逆運として来たところを順運として受けなければならない。また自分が安全なときは、かえって非常の場合のことを思っていなければならない」とある。

非常な不運に遭えば偉い人でも引っ繰り返ってしまうけれども、これをちゃんと受け止める心がまえが必要なのである。反対になんでもない順境のときには、いざというときのことを思って何が来ても大丈夫なような心を練っておくことが大切である、ということである。これが修養というものの勘どころである。

逆境の人はしばしば他人の逆境に対して同情心がなくなりやすいと述べたが、逆にいえば、同じような逆境にある人に対する同情心を養うようにしたいものであると博士は自らの体験を振り返っていう。

アメリカで留学生活を送っていたころ、一時日本からの送金が絶えたことがあった。お金がないので自分で洗濯したり、三度の食事も一回にしたりして生活を切り詰めた。そのため健康を害したこともあった。そういうときに、金を浪費している同窓の者を見ると頭にきたけれど、そういう逆境があったからこそ、自分は今、経済的に困っている学生を見るとなんとか助けてやりたい気持ちになるのである。したがって逆境は心を堅くするほうに向けないで、同じ逆境にある人に同情できるような修養をしたいものだといっているのである。

殉教者の生き方は何を教えてくれるか

逆境をよい方向に使うことを「逆境の善用」と博士はいう。逆境の善用を極端にしたのが、逆境に感謝するということであって、その最も目覚ましい例がキリストである。これはキリスト教徒でなくても知っていることだが、キリスト教の殉教者たちは、磔刑《たくけい》にされる場合でも、キリストと同じ刑に処せられることは光栄であると感謝した。そういう話はキリスト教の聖人にもたくさんあるが、キリスト教の一つの偉大なところは逆境に感謝する人をたくさん作り出したことだと私は思う。

戦後非常に評判になった映画で『クオ・ヴァディス』という映画があった。その映画の最後のほうに、暴君ネロによってキリスト教徒が迫害されるのを見たペテロがローマを見捨てて去ろうとするシーンがある。そのとき遠くのほうで太陽のような光が天から地へと降りてくる。ペテロが近づいてみると、そこにキリストが立っていた。ペテロが「主よ、いずこに行きたもうぞ」と問うと、キリストは「おまえが捨てたローマへ行くのだ」と答える。それを聞いたペテロは再びローマに向かい、キリスト教を布教して磔刑にされてしまう。そして十字架に逆さまに架けられたペテロは「ああ、自分も主と同じ磔《はりつけ》になる。ありがたいことだ」と感謝の念を捧げるのである。

この場面を見たときには感銘を受けたものである。考えてみると、殉教者というのは一番悪いことに対して感謝するところまでいくものなのである。こうした感謝の姿勢が、長い目で見るとキリスト教の一番の力になったのではないかと思うのである。

普通の人は聖人ではないから、磔刑になって感謝する必要はないが、極端にいえばそういう受け方もあるということを念頭に置いておくと、修養をする場合の助けになることだろう。

4.「いい時」をいかに過ごすか

人間にはマイナスをプラスに変える力がある

順境といっても逆境といっても、結局のところは自分と周囲との関係である。そのため心がけ次第によっては、たちまち逆境も順境になるし、順境も逆境に変わってしまうのである。傍からは幸福な境遇にあると見えるのに、いつも不平を唱えて文句ばかりいっている人もいる。このように、逆境であろうが順境であろうが、自分の心の受け止め方次第なのである。そう考えれば、人間には逆境をも順境にする力があるのだということもできる。

イギリスの歴史家バックルが「文明は自然に勝つのだ」といったことがある。これは周囲の環境に適応するなり抵抗するなりして進化するのが人間の特徴なのだという意味である。つまり、逆境に立ち向かって、それを順境にしていくのが人間というものなのであり、そして順境にあるときの人間は「自分の奮闘力」を大いに発揮することができるのである。

新渡戸博士が一度カナダに行ったとき、友人が農場見学に連れて行こうといって馬車で案内してくれたことがあった。雨上がりで道路は泥沼のようになっており、車輪が埋まって動かなくなってしまった。すると、向こうから荷馬車を引いてきた農民も車輪が泥まみれになって動かなくなって困っていた。それで博士はその農民に向かって「こんな土地で農業をやるのは随分大変でしょう」と声をかけた。そうしたらその農民はいきなり泥をつかんで、「こんな土ですもの。何でもできます」といったという。

そのときに、ああ、これだなと博士は思った。土を泥と見て嫌がる者もあるし、こんな泥のようになるいい土だから農業ができるのだという見方をする者もある。普通の人が不平に思うことも、善用すれば愉快の種子になるのである。

『菜根譚』に「その心が円満に見ることができれば、世界にはおのずから欠陥がないのである。その心が常に緩やかで平静であれば、世界にはおのずから悪意ある人情もなくなるのである」とあるのはこういう心境をいっているのである。

博士の教えていた学生に兄弟で苦学している者がいた。その兄弟は非常に無理をするので、病気にならないようにと博士が注意したところ、「いや、他の人たちは一人で勉強していますが、われわれは二人でいるから常に愉快なんです。また、同じ明かりの下で兄弟机を向けあって勉強するのは実に愉快なのです」と答えた。

これなどは、貧しいのでランプ一つで勉強しなければならないという逆境に対してプラスの反応をしたいい例である。最近の言葉でいえば「プラス思考になる」ということが逆境を順境にする一番の方法であると博士は教えているのである。

「いい時」こそ注意をしなくてはいけない

逆境を順境にしても、そこで油断をしてしまうと順境はたちまち逆境に変わってしまう。したがって順境にあるときはそこに胡座《あぐら》をかくのではなく、くれぐれも注意をしなければならないのである。では、順境の人はどういうことに注意をする必要があるのだろうか。新渡戸博士は五つの注意するべき項目を挙げている。

第一には、順境の人は傲慢になりやすい。

これは得意になって鼻が高くなってしまうのである。他の人に無礼な振る舞いをすることについては鈍感なのに、自分が少しでも無礼にされると自分の威厳が大いに傷つけられたように思ったりする。そういう人は、困っているときには異様に卑屈だったのに、ちょっといいことがあると急に威張りだす。したがって、順境にいて傲慢にならないことと逆境にいて卑屈にならないことは同じような修養程度にあると考えていいだろう。

第二に、順境の人は職業の手抜きをやりやすい。「まあまあこれでいいじゃないか」というように手を抜くようになる。若いころには必死に勉強した学者でも、仕事が安定するようになると直ちに大家になったような気持ちになってしまう。そして、人に対して自分がここに来るまでの苦心談をすることを好み、それによって自分が今怠けていることを補おうとする。

今、日本の大学の文学部などでは女性の教授が非常に増えてきているが、それはこの第二の注意点と関係があるように私は思う。

私の若いころは大学で女性を専任教授にするという習慣はなかった。初めて専任になった方は確か社会福祉の方面で、それは独立した学部ではなく、文学部に新設された一学科であったように覚えている。

ところがそのうち、文学部にも女性が専任として入るようになった。そのプロセスを私はこういうふうに観察していた。

元来、助手になる男は大学に残すことが前提となっていた。したがって助手になって講師になれば、あとはそのまま助教授、教授となるコースに乗ったことになるのである。すると途端に研究の手を抜き、論文を書くための勉強を怠けるようになる者が少なくない。さらに非常勤講師にでもなれば東京の大学なら兼任講師の口もいくらでもあるから、そういうアルバイトに励むようになる。そのうちに結婚して子供ができると、論文のことなど忘れてしまい、家庭生活のほうに力を振り向けてしまうのである。

ところが女性のほうはいくら成績がよくても助手になれない。そこで、大学院を優秀な成績で出て、家庭がよくてゆとりがあるという人は、フランス語ならフランスの大学に留学して勉強をする。アメリカ文学ならアメリカへ行って勉強をする。そして向こうの大学で修士をとったり博士をとったりして帰ってくるのである。

そうすると、たとえばアメリカ文学の人事が出た場合、アメリカの名の通った大学の博士号を持っている女性と論文を書いていない男性を比べれば、これは女性をとらざるを得なくなる。このような形で、あるときから急に女性が入ってくるようになったのである。

別の言い方をすれば、助手や講師になった男が必ずしも立派な論文を書いてくれないということになる。論文よりも生活の安定のほうに目が向いてしまうのである。その間に一人で自分の専門とする国、外国文学ならその国に行って博士をとるぐらいまで勉強した女性との差がついていてしまうわけである。

日本の大学では男に定職を与えてしまうと年功序列で先が保証されるため骨の折れる論文を書くための勉強なんかしなくなるという傾向にある。その一方で女性は職がないから外国で必死に勉強をして力をつけていく。少なくとも日本中の文学部において女性が進出したのはこのような同じ原因があったのではないかと思う。

上智でもそうで、あるときは、文学部で専任に採用する先生の五人のうち四人が女性というようなことがあったと記憶している。彼女たちの共通点は仏文ならフランス、独文ならドイツ、英米文ならアメリカで学位をとっているということである。その間、日本にいた男はどうしたかというと、結婚して家庭をつくっていたのである。

実はこれは明治のころからいわれていることである。ラフカディオ・ハーンも「日本の若い学者はヨーロッパに行っているときは非常によく勉強しているけれども、帰ってくるとそれっきりになってしまう」というような指摘をしている。

新渡戸博士も同じような観察をしていたと思うのである。博士のように大学者になってからもますます勉強した人から見たら、周囲の大部分の日本人は、定職を得た瞬間に安心して安定して専門の勉強では怠け者になっているように見えたはずである。そのことがこの第二の注意点に挙げられているのではないかと思う。

第三に、順境の人は恩を忘れてしまう。

就職を斡旋してもらった場合でも、うまく就職できて順境に進むと、紹介状を書いてもらったことなど忘れて自分一人で偉くなったと思ってしまう人が多い。そして、「あの人に世話をしてもらったというけれど、手紙を一本書いてもらっただけだ」とか「あの人は自分のために奔走したといっているけど、わずか二、三日車で駆け回ってくれただけじゃないか」などといいだす。

これは反対のケースもあって、ある人の地位が高くなってくると、「あいつを世話したのは俺だ」という人がたくさん出てくるということがある。これは裏返しの心理である。世の中というのはとかくそういうものではあるが、修養をしようという心がけとしてはそうあってはいけない。

伊藤博文は「自分が今日あるのは村にいたときの学校の先生から志を与えられたからだ」

と新渡戸博士にいっていたという。

　それから博士が尾張徳川家の宝物を見せてもらったとき、そこに家康公陣中の肖像というものがあった。家康が烏帽子《えぼし》をかぶり、床几に腰掛け、手を組み合わせて物思わしげに思いふけっている姿を描いたものである。どこかの戦場の光景を写させたものなのであろうが、家康は常にこの肖像画を自分の側に掛けさせていたという。それは昔苦労したことを忘れないように、との気持ちからだったといわれる。

　とかく順境にあった人は人の恩を忘れたり苦しかったときのことを忘れていい気になりやすいものだが、それは修養のできていないことを身をもって示しているようなものである。そうしたことは決して忘れてはならない、忘れないように心がけることが大切なのである。


　第四に、順境の人は意外に不平家になりやすい。

　これについて新渡戸博士はフランス革命を例に挙げる。一般に、フランス革命はフランス国民が困窮のあげく起こしたものだといわれているが、実際のところ国民が本当に困っていたのはフランス革命が起こる以前のことであって、革命のころは生活は随分よくなっていた。教育も進み産業も発達しつつあった。

逆に、少しばかりのゆとりが出てきたために不平が出て、革命が起こったのだと博士は指摘しているのである。頭が上がらないほどの圧制を受けていたら、革命の起こる余裕はないだろうというのである。

フランス革命に対するこういう見方は、最近の歴史では大体認められていることであるが、確かに昔は民衆が困っていたから起こったといわれていた。したがって、暮らしがよくなったから革命が起こったのだという指摘は、当時としては非常に新鮮だったに違いない。

これに関連して私が常々非常に不思議に思っていたことがある。戦後大きな住宅公団があるところは選挙をすると左翼の票が多いというのが常識だったのだが、これが非常に不思議だったのである。

私はイギリス留学から帰ってきたときに、住むところがなくて非常に苦労をした思い出がある。団地の中に入っている人を見て、恵まれているなと思ったものである。公団の団地は税金で建てているわけだが、それは当時の政権党である自民党の政策である。

しかし、そういうところに入っている人たちの非常に多くが野党、いわゆる社会主義政党の支持だったというので、非常に不思議に思ったのである。私はようやく見つけた四谷の四畳半を借りていて、そのうちに大学の図書館に住まわせてもらったのだが、私と一緒に大学の図書館に住んでいた男は結婚して市ヶ谷の二間ぐらいのところに住んでいた。この男も私も自民党を支持していたのに、立派な住宅公団に住んでいる人たちが反政府というのは非常におかしな感じがした。

ある程度恵まれてくるとさらに上を望むようになって、かえって不満が出るようになるという新渡戸博士の指摘はこのあたりの人間の心理を突いたものだと思うのである。福祉政策を実施すると、実施した政府が怨まれる場合がしばしばあるというのもこういうことなのだろう。

第五、順境の人は調子に乗りやすい。

これは前にも述べたことと似ているが、しなくてもいいことをしてしまったり、してはならないことに手を出してしまうということである。うまくいっているものだから、人生はくみしやすいものだと思ってしまって、軽率に物事を企てて失敗してしまうわけである。新渡戸博士は、こういう人は少壮の実業家によく見られると観察している。こういう例は、昔も今も変わりなくよく見られるところであるだろう。

以上のような五つのことが順境の人が陥りやすい注意点である。こうしたことを忘れると、順境はたちまちにして逆境に変わってしまう、ゆえにくれぐれも注意するべきであると新渡戸博士は忠告するのである。

5. 好調を持続するための修養法

家康が教える順調な人の心がまえ

逆境のときと同様に順境のときにも心がまえというものがある。これについて、新渡戸博士は徳川家康の遺訓として伝えられている次の文章を非常に重んじている。それはこういうものである。

「人の一生は重荷を負うて遠き道をゆくがごとし。急ぐべからず。不自由を常と思えば不足なし。心に望み起こらば困窮したる時を思い出すべし。堪忍は無事長久の基。いかりは敵と思え。勝つことばかり知って、負くることをしらざれば、害その身にいたる。おのれを責めて人を責むるな。及ばざるは過ぎたるよりまされり」

キリスト教人道主義者で毎日新聞の社長にもなった島田三郎は、この遺訓について「なかなかいいと思っているけれども、どうも最近は消極的なところがあって物足りなく思うようになった」といったそうである。それを聞いたとき新渡戸博士はなるほどと思ったが、後になってその考えを改めた。これは家康のように非常に多くの逆境をくぐり抜けて、最後のほうはずっと順境にいた人にして初めて出た遺訓なのではないかと思うようになったのである。

「この教訓の中には、『順境を乱用するな』という教えが含まれている。一方より見て、消極的に逆境を利用せよという意があるとともに、他方には、順境を善用せよということが、含まれているように思われる」というのである。

この遺訓は、大小数えきれないほどの戦いに赴いて、三方ケ原では自殺しようかと思うぐらいの敗戦を被ったりした末に天下人になり、最後には権現様になって千代田城（江戸城）にいて天下に敵なしというような時期につくられたと伝えられている。

これをつくったのは家康ではないという説もあるが、家康に関係する人がつくったのには違いない。私自身は家康その人の作と考えていいと思っている。何しろ家康は徳川三百年の安泰の基礎をつくった人であるし、ここには順境にある人の究極的な教えがあると私は素直に受け取りたいと思うのである。

順調なればこそ努力が求められる

新渡戸博士が順境にある人の心がまえとして挙げていることは、足を暇なく動かす水鳥のようでなければならないということである。水戸黄門の歌にもあったが、傍から見れば水鳥というのは優雅に浮いているように見える。しかし、水面下にある足は一時も休むことなく動いているのである。このように、順境にあるときにはわがまま勝手になるのではなく、より一層努めなければならないのである。

博士のお父さんは、幕府の時代に藩の留守居役をやっていた。藩の留守居役というのは、各藩の殿様の江戸屋敷にいて、藩の代表として他の藩や幕府との折衝にあたる役目である。今でいえばちょうど全権大使のような立場である。当時のことなので留守居役は毎日のように花柳界に出入りし、折衝を兼ねた宴会をしなくてはならなかった。

傍から見ていると大変面白おかしい役目であるように見えるけれど、「こんな苦しい役はない。自分は馬鹿な真似をして、人を油断させ、酔わなくても酔ったふりをして、嫌な酒でも飲まなくてはならないし、無理に飲んで本当に酔ったら、それが最期である。こんな心の許せない役目はない」とこぼしていたそうである。

傍から見て面白そうな順境にいるような人も、その人が沈まないで浮き続けているとすれば、それはどれほどの努力をしているかわからない。順境にあるからといってちょっと油断をしていると、すぐに沈没してしまうものなのである。したがって、順境であるからこそ気を引き締めなければならないということになるわけである。

人生はすべて心の持ち方で決まる

新渡戸博士は当時の上流階級の大金持ちもよく見知っていたが、そういう順境にあるという人もその内情を知ってみると気の毒に思うことがよくあるものだといっている。つまり順境にいても心は逆境みたいなことが多いというのである。逆に、それほど順境でもないと思われる人でも生活内容においては順境に見える人よりよほどよかったりする。このように順境逆境は逆になることが間々あるのである。絶対の順境、絶対の逆境というものはなく、結局、順境逆境と世の中の人のいっていることは世間のものさしで見ていっているにすぎない。それは本物の順境逆境とは関係ないものである。

結局のところ順境逆境は心の外にはない。これが新渡戸博士の最終的な結論である。博士は菅原道真が好きだったけれど、ただちょっと不満に思うところがあったという。それは、いかにも嘆きが多いところである。そういわれて読み返してみると、確かに道真の詩には嘆き節が多い。もしも道真に嘆き節がなかったら、もっと長生きしたかもしれないし、あれほどの大天才であったのだからもっと立派な仕事もできたかもしれない。嘆きは人生に逆境をもたらすことはあっても順境を引き寄せることはないのである。

『菜根譚』には「人生の幸福とか災いはすべて頭から出てくるものである。お釈迦様もいっているように、私利私欲から見れば、すなわちこれ全部火の地獄である。情欲にふければ、これはみんな苦しみの海となる。しかし心さえ清浄なれば、火炎地獄も池になるし、悟りを開けば彼岸にも登ることになるのである」とある。これも順境逆境はすべて心次第であるということを教えているのである。

逆風に耐えるより順風に耐えるほうが難しい

順境というのは、得手に帆を上げて進むような有り様であるから、風に任せてどんどん進めばいいのだが、いかに順風だといっても船頭は風にすべてを任せるようなことはしない。風任せにしていたら、同じく風任せで進んできた船とぶつかって途中で難破することもある。だから、得手に帆を上げるにも、巧みに舵を執って導くことを心得なければならないのである。

昔の人の言葉にも「功成り行い満ちた人も、その末路を見なければなんともいえない」とある。これは確かにそのとおりで、われわれも功なり名を遂げたような人が晩年に不幸な目に遭っている例を数多く見聞きしているわけである。

要するに、順境のときには自らの進むべき行き先（これを志といっていいだろう）を忘れてしまうため、そのうちに逆境に迷い込んで、最終的に難破してしまうのである。

私は人相を見るのが好きなのだが、人相上は非常にいい人なのに老年になって獄につながれるという人が意外と多い。その人の人相は七十代ぐらいまではとてもいい人相なのだが、どうしたわけか晩節を汚すようなことをしてしまうのである。

人相というのは六十か六十五ぐらいまでは当てはまるものだけれど、それから先は引っ繰り返ることもあるというものなのかもしれない。だから、最後の最後まで人生はわからないということになるのである。

戦国の武将でいっても最後は結局家康がトップに立ったのだから、やはり公平に見ても家康の教訓は順境のときの姿勢として一番すぐれているものといっていいように思う。

結論として新渡戸博士は「順風に乗じて進むのは容易ならぬ苦心が要る」という。外から見れば確かに順風らしく見えても、それに乗じて進むのは容易ならぬ苦心がいる。その間の浮き沈みで船酔いしないように、うまくいったからといって得意にならず、沈みかかっても怒ったり怨んだりしないで、心を動かさずに平坦に進むことが順風に処する秘訣であるというのである。

だから順境というのはかえって難しいのである。逆境にあれば頑張らなくてはと耐えられるが、順境というのは順調なるがゆえに難しさがある。

明治天皇の御製に「波風の　静かなる日も　船人は　梶に心を　許さざるらむ」「とるさをの　心長くも　漕ぎ寄せむ　蘆間の小舟　さはりありとも」の二首があるが、確かに修養として考えると、逆境に耐える修養よりも順境に耐える修養のほうが難しいかもしれない。順境がすなわち逆境であり、順境から転じた逆境ほど怖いものはないということなのである。

第八章 ◎ 世の中を「深く」見よ

何かあることをする前に、果たしてこれは何のためにするのか、名《めい》利《り》のためではないかと思うて正す。名利の念は人情に離れ難い人間の本能のごときものである。自分は最初よりそれを目的とするのでなくとも、知らず識らずの間に、おのずからこれに駆られやすい。それゆえに何事をするにしても、待てよ、これは何のためにするのかと、一歩退いて沈思黙考する。

（第十四章「黙思」より）

1. 世間とどうつきあうか

自分だけ清潔であってもなんの役にも立たない

新渡戸博士は農学を学んでいたころに田んぼに蔓延する害草に興味をひかれ、その駆除に関する諸外国の制度を調べたことがある。

その手始めにそもそも害草とはどういうものなのかを調べてみたところ、外国の権威ある学者の説に非常に面白いものがあった。それは、害草とはその場所に誤って繁殖した植物であるというものであった。

英語ではこれをウイードという。たとえば稲でも、庭の泉水の中に蓮に混じって生えたらウイードになる。その蓮も、田んぼに生えたらウイードになるというわけである。昭和天皇は雑草という草はないとおっしゃったけれど、強いて定義すれば、生えるべきところではないところに生えたものがウイード、害草、雑草であるということである。

新渡戸博士はこの説を面白いと感じると同時に、人間社会も同じことであるというのである。人もいるべきところにいなければ害物になる。よき人々の間に泥棒がいると、この泥棒は当然困った者になる。しかし、泥棒の間に立派な人が混じると、今度はこの立派な人が泥棒から見れば困ったやつになるのである。どこから見るかで景色は変わる。世の中とはそういったものである。

また、世の中には保守と進歩がある。世の中の不合理な伝統はどんどん破壊すべきであるという進歩主義もあれば、逆に伝統は守らなくてはいけないという伝統主義もある。これは適度に行えばいずれも正しいものだけれど、極端にすれば両方とも間違っている。これが新渡戸博士の唱える中庸《ちゅうよう》主義である。つまり、習慣の中には破壊しなければならない悪い習慣もあるが、大切に保存しなければならないものもあるということである。

博士は極端よりは中庸がいいと勧めている。清潔なのはいいが、あまり潔癖すぎるのはよくない。他人はどうであれ自分だけがきれいだというのは感心しない、という考え方である。

昔、伯夷《はくい》と叔斉《しゅくせい》の兄弟は殷《いん》の国が滅びたときに、殷を滅ぼした周の穀物は食わないといって首陽山に隠遁して蕨《わらび》を食って餓死した。しかし、博士にいわせれば、死ぬまで蕨ばかり食べているのなら、蕨の改良をして社会のために役立つようなことを考えればいいということになる。

これはいかにも博士らしい地に足のついた意見である。独り自らを清しとして喜ぶのを最高の思想とする考え方には新渡戸博士は賛成しかねるというのである。

楚の三閭《さんりょ》の大夫が讒言《ざんげん》のために汨羅《べきら》に放たれた。大夫は「世の中はみんな濁っていて俺だけがきれいだ」といって、自分だけ無事に過ごした。しかし、それは世の中にとって何も利益を与えることではない。

橘 候草《たちばなよりたね》は「楚の三閭醒むるも終に何の益かあらん。周の伯夷、飢えても必ずしも賢ならず」（自分だけが醒めていても何の益があろうか、飢え死にしたってあまり利口だとはいえないな）といっている。要するに自己満足主義はいけないということを博士は教えているのである。

『菜根譚』に次のような一条がある。「糞の中の虫は非常に汚いけれど、後には蝉になって露を飲みながら秋風によい声で歌うようになる。腐った草に光はないが、後には化して蛍になって夏の夜に光り輝くようになる」。これは、きれいなものはしばしば汚いものから出るし、明らかなものは常に暗いものから生ずるというパラドックスである。

同じように「山が非常に高ければ木は生えない。しかしそれほど高くない山であれば草も木も生える。流れが速く水が非常にきれいなところには魚は住めない。しかし水の流れが溜まっているところには魚も亀も集まってくる」ともいう。世の中を生きるには、こうしたパラドックスを常に念頭に置くべきなのである。

君子というのは高い山で木も草も生えないような姿になるのではない。常にある程度の垢を含み、汚れたものを受け入れるような度量を育てることが必要なのである。

新渡戸博士の『修養』が世に出てから約三十数年後、一群の青年将校やテロ団が世間を騒がせた。これらの人たちの主張には非常な極端さを感じさせるものがあった。たとえば、テロ団は三井財閥の團伊玖磨たちを暗殺したが、その理由は「三井は為替《かわせ》で儲けたからけしからん」というものであった。また青年将校たちは百姓が貧乏をしているのに高位高官が贅沢をしていることに不満を抱き、二・二六事件を引き起こすのである。

動機が純粋であるというのはいいことのように思いがちだが、それも極端になるといいことではないのだということを、人生の達人である新渡戸博士は教えるのである。そして世の中に対する根本動機、志というものは、「人間として生まれた以上、自分の環境をよく利用して少しなりとも善を積みたい。また少しでも人をそのほうに進めたい」という姿勢を標準として行動すべきであるという。これが博士の世の中に処する態度の根本原則である。

通俗的な諺に「転んでもただでは起きない」というものがあるが、このような姿勢で世の中に処していかなければならないと博士はいう。転ぶような不幸、逆境があっても、それをいい方向に利用するような心がけが大事なのである。何事もいいほうに活用していくことが処世の根本となるということなのである。

すべてを「善用する」ことを心がける

新渡戸博士は三十五歳のときに非常に大きな病気にかかった。どの医者からも全快までは少なくとも三年、あるいは七、八年かかるといわれた。その間は一切仕事をしてはならないとまでいわれたほどの重病であった。すでに述べたように博士は外国で猛勉強をし、帰ってきてからは札幌農学校の教授になるなど非常に多忙であった。積もり積もった過労が病気を引き起こしたのである。

「当時僕は三十五歳、いわば男盛りである。せっかく苦しんで学んだことは、何か国家のご用に立てたいと思うていたに、七、八年間は何もすることができぬといわれ、実に無念でたまらない」とそのときの心境を述べているが、これは大変な悩みであったようである。季節は夏、庭の生け垣の外には朝から学生・役人・商人たちが忙しげに往来している。しかし自分は何もできずに病床にいる。そのときの気分を博士は「急ぎ行く足にふまるる露の珠《たま》」と詠んでいる。

病に倒れた当初はじりじりと焦りばかりが募っていたのだが、元来修養家である博士はやがて、これをいいほうに使わなくてはいけない、修養の種子とすれば病気からも得るところがあるだろう、と考えるようになった。病床で青天井を眺めているときにこのことに気がついた博士は、今度は「なかば来て　高根ながめの一休《ひとやすみ》」という句を詠む。これは先の嘆きの句とは反対の心情を詠んだ句である。

このように気分を切り替えたら心が爽やかになって、結局病気は思ったよりも早く治ってしまった。病名は神経衰弱だったらしいが、おそらく過労からきたノイローゼだったのではないだろうか。だから心を修養に切り換えると治ってしまったのだろう。

病気から復帰した博士は意欲的に動き出す。数年間は仕事をしてはいけないといわれたのに、復帰の翌年には日本の農業発達史に関する本をまとめ、その二年後には農学博士になっている。

そして明治三十一年（一八九八年）に静養で訪れていたカリフォルニアで『武士道』を書くのである。つまり三十五歳で休んで、三十七歳のときに『武士道』を書き、アメリカで出版するのである。目覚しい復調ぶりである。

この経験から博士は、「常にいかなる場合でも事物を善用することに心がけることを学んだ」と述べている。これは今の言葉でいえば、いついかなる場合でもプラス思考を持つことが大切なのだということになるだろう。

青年たちの心の底には常に不平の種子があるものかもしれない。そして逆境に陥ると、それが煩悶という形で現れたり、社会に対する不満となって噴出する。新渡戸博士は、この種子を心の奥底から取り除くことはできないのだから、せめてその種子のそばに別のもう一つの種子をまいたらどうかとアドバイスするのである。

そしてその種子を、煩悶《はんもん》も不満もすべて善用する、すなわちプラスに転換することができるような大木に育てなさいというのである。そうすれば、いわゆる悪といわれているものも善になるはずだから――これが博士から青年たちへの処世についてのアドバイスである。

2. 人間の生きる道

見えない因果を大切にすると生き方が変わってくる

若い人が職業につくと、だいたい不平をいうものである。新渡戸博士にも人を使った経験があるが、金を与えるとすぐに使ってしまって貧乏をしている。中には破廉恥罪でも犯さなければいいがと心配するような人もいる。間接的に忠告すると、「今の月給では貯めたところでたかが知れたものだ。もう少し月給をもらわなければ貯蓄する余地がない」と文句をいう。

しかし、そういう人に月給を回してやってもますます使うだけで、貯蓄するわけではない。それまでは二円ぐらいのものを食べていたのに、給料を上げれば三円のものを食べるようになる。二十円ぐらいの借金をしていたのが、給料を上げると五十円ぐらい借金するようになる。こんなことはある程度人生を経てきた人ならわかることである。こういう人にはあまり給料を上げても仕方なく思える。むしろ、俸給はわずかでもこれを貯金していたり、親に仕送りしている人の給料を上げてやりたくなるものである。

かつて洋書の輸入と出版をやっている会社の社長が私に話してくれたことがある。「同じ給料で同じときに雇っているのに、五十ぐらいになってみると、最初のときと同じようにピーピーしている者とちゃんと家を建てている者がいる。これは不思議なものだ」というのである。別に他からの収入があるわけではない。遺産が入ったわけでもない。それなのに…というわけである。その社長はしきりに頭をひねっていたが、人間は心がけ次第ということなのだろう。

心がまえが変わらないかぎりは、給料の多少は二義的なことなのである。新渡戸博士は給料の扱いを具体的にどうしたらいいということはいっていない。むしろ貯金したり親に送ったりすると周囲が同情して上げてくれることがあるだろうという言い方をしているだけだが、これもやはり日ごろの心のあり方が大切だということを説いていると思っていいだろう。

そして、仮にそうやって給料を上げてもらえたらどうするかということについては、本多静六博士の助言が役に立つはずである。

本多静六博士は、とにかくどんな給料であれ、生活はその七五パーセントでして、残りの二五パーセントは貯金してしまえと教えている。たとえば初任給が手取り二十万円のときは十五万円で生活すればいい。すると一か月で五万円残り、一年間では六十万円も残ることになる。もらっただけ使っていた人と比べると、たった一年で六十万円の差ができることになるのである。手取り二十万円の月給の人で六十万といえば三か月分にあたるから、この差は大きい。

このようなことを実践してみると、必ずやお金の使い方に対する見方も変わってくるし、お金に対する器量が出てくるようになるのである。給料というものは、足りない足りないといっている人はいつまでたっても決して足りるようにはならないということである。

新渡戸博士は磯間良甫という人の書いた『国恩教諭録』という本を取り上げている。そこに「賞なしとも怠らざるは、上を敬い仕うるの礼なり。これは人にのみ仕うるにあらず、我が天道に仕うる冥理《めいり》と心得、なるたけの実意を尽くすは信を守るの至りなるべし」とある。これは冥々《めいめい》のうちに徳を積むことの大切さについていっているものである。この冥々、知らず知らずのうちに、という感覚が重要なのである。

すべてのものが「これをやったからこうなった」というように原因と結果がストレート

に結びつくわけではない。目に見えない因果関係によって生じるものも世の中には多数ある。だから冥理を信じて怠らないことが大切なのであり、これが上を敬い仕える礼儀でもある。理屈でとらえる必要はない。そういう心がけでいれば誰かが見てくれると信じて、我慢の心を培うことが大切なのである。

3. 一日五分の「黙思」のすすめ

一歩退いてものを見る習慣を身につける

「黙思」とはその字のとおり「黙って思う」ということで極めてシンプルなものであるが、新渡戸博士の最も重要な思想の一つになっている。

博士は札幌農学校に第二期生として入学する。そこでクラーク博士の影響を受けて、「イエスを信ずる者の誓約」に署名する。内村鑑三などは当初、誓約への署名に激しく抵抗するのだが、新渡戸青年は初めからキリスト教的な考え方を受け入れることには抵抗感がなかった。つまりメソジストになったのである。ところが、あとになると次第に宗派的なキリスト教はあまり好まないようになり、最終的にはクエーカー教徒になるのである。

クエーカー教徒のいいところは黙思が多いことだと博士はいう。新渡戸博士が黙思を重要視している一つの背景としては、すでに述べたが、当時の日本の習慣への困惑があった。

日曜であっても関係なく朝早くから無差別に人が訪問してくる。極端な人になると朝飯前からやって来て閑談を始め、夜分になっても帰らない。毎週そんな具合で、博士は非常にイライラしておられたのではないかと思う。そういう時代に博士はクエーカーに触れるのである。

明治七年、二十二歳のときに新渡戸青年はボルチモアのジョンズ・ホプキンス大学に留学する。そしてその翌年、偶然にクエーカーの集会に出席することになるのである。それまでは教会に行ってもあまりぴんとこなかった。教会の牧師はあたかも客引きのような派手なジェスチャーで振る舞っているし、コーラス隊の歌で人を集めているみたいに思える。それはいいとしても、どうも自分のイメージするキリスト教とは違うと感じていた。

ところがある日、友人と一緒に学校から帰るときに、とても教会とは思えない地味な建物から飾り気のない衣服を着たおばあさんが四、五人出てきたのを見た。「あれはなんだ?」と聞くと、「あれはクエーカーの人だ」と友人が教えてくれた。

興味を引かれて次の日曜日にそこへ行ってみると、その建築物は中も地味で何も飾りがない。若い婦人もいたけれど、派手な服装の人は一人もいない。帽子に花をつけた人などは皆無である。説教をする演壇もないし、賛美歌もない。三百人ぐらいの人があたかも坐禅を組むがごとく、ただ端然として沈黙して座っている。そうしているときに聖霊を感じた人がいれば、勝手に三分間ぐらい感想を述べる。一時間か一時間半ぐらいそれが続いて、静かに解散していくのである。

新渡戸青年はそれ以前からクエーカーのことは本で読んで知っていた。クエーカーの中から豪胆不抜《ごうたんふばつ》な人がたくさん出たことも知っていた。そして初めてその集会に行ってみて、なるほど、これなら立派な人物も出てくるはずだと納得したのである。このときの体験がきっかけとなって、しばしばそこに行くようになり、その派の人とも交わったが、感服することが多かった。

たとえば、ものを決めるときも、単に頭を数えて多数決などはしない。その代わり、話をする人物がどういう人かに重きを置く。牧師も定めていない。いわんや、給料を払って雇うような牧師はいない。集会は黙座して、瞑想を中心として直接聖霊に交わるのが礼拝である。黙って座って悟りを開くのは禅だが、クエーカーは黙って座って神を感じるわけである。それが大変気に入ったのである。

その後の新渡戸博士の修養に関する本には、沈黙、黙座の重要性がしばしば説かれている。肉体に食べ物が必要なように、精神にも食べ物が必要である。しかし、精神の栄養を考える余裕が当時の日本の生活にはなかった。そのことを博士は非常に嘆いている。

大きく伸びるためには、大きく学ばなければならない。大きな決心をする前には、大いに沈黙する必要がある。そして奮い立ったときにも、静思沈黙が重要である。五分間でも沈黙させると、子供でも労働者でも顕著な違いが出てくるのである。

日本にも昔は多少余裕があった。朝起きるとまず仏壇に座って祖先の位牌に礼拝して合掌したり、神棚に柏手を打ったものである。早朝太陽が昇ってくる時に太陽に手を合わせたりした者もいる。しかし世の中がどんどん忙しくなると、これらのよき習慣はみんななくなってしまった。本当は、忙しくなればなるほど、人間には黙思する時間が必要なのである、と博士はいうのである。

博士がまだ小さかったころ、おじいさんが禅宗の坊さんに向かって「坐禅とはどういうものだろうか」と尋ねたことがあるという。その坊さんはよほど偉い方であったのだろう、「何も結跏趺坐《けっかふざ》して座ることだけが坐禅ではない。武士でも、さあというときは実行していることである」といった。

これはどういうことかといえば、武士が刀で切り結ぶときは、どんな大胆な人でも夢中になって、相手の姿もわからなければ自分の立場もわからなくなるものである。ところがこのとき一歩退いてみると、たちまち相手の隙も見え、心も持ち直される。この一歩退く工夫をするのがすなわち坐禅である、ということなのである。

これはまさに黙思することと同じであると博士は考える。すなわち黙思とは、一歩退いてものを見るということなのである。

黙思をするには外部環境を整えることが大切である

黙思の習慣を自分のものにするためには正しい方法によらなければならないと博士はいう。博士は非常に本が好きで、乱読派だった。しかし乱読多読だから、労多くして功少なしで、結果が身につくことが少なかった。すなわち読書にも方法が必要なのである。これと同じで、黙思も正しい方法で行えば、それだけ身につくものが多いというのである。

では、どういう方法がいいのか。博士は、時を定めずにやるよりは一定の時間を決めてやったほうがいいのではないかという。たとえば朝起きてからの五分か十分、自分の部屋に引っ込んで黙思する。このときはどのような用事があっても取り次がせないし、電話がかかってきても出ない。そのように五分か十分、時間を決めてやるのがいい。朝ではなく寝る前に行ってもかまわないが、とにかく最初は時間を決めてやることが一つの方法である。

博士は実践家としてすべて身をもって体験しているから、方法論がいつも非常に平俗であり、わかりやすい。だから黙思にしてもなんでもいいわけではなくて、やはりやるときは姿勢を正しくしなければならないのだという。寝巻でやってもいいが、姿勢だけは正しくしないとだめだという。これは自ら実践した人の経験からいっていることである。

そこで博士は、時間とともに場所も決めておいたほうがいいと助言する。これについて博士は、青年のときに初めて思想の扉を開いてくれたカーライルの「蜂は暗闇《くらやみ》でなければ、蜜を作ることができない。脳は沈黙でなければ、思想を生じない」という言葉を引用する。また「内部の沈黙は最も大事だが、外部の沈黙も必要である」という言い方をしている。これは、内部の沈黙はある程度まで外部の沈黙によって助けられるものである、ということをいっているのである。これもやはり実践家ならではの言葉である。

時と場所を選ばずにどこででも黙思できるような人は初めから偉い人なのである。しかし、凡人がそこまでなるには大いなる修養が必要である。だから静かな場所が必要なのである。

日本の家屋構造は、当時のことで障子と襖《ふすま》であるため外部の沈黙を確保するには具合が悪かった。だからそういう場合は朝早くか夜遅くの静かなときにやる。あるいは祖先の位牌があるところとか、自分の気に入っている掛け物があるところなど、落ち着ける場所でやるなどの工夫をすればいい。外でやってもいいが、その場合もやりやすい場所を決めてやるのがいい。このように、黙思するのに具合のいい外的環境が要るのだというのである。

この外部環境について博士は、カトリック教会がいつでも開いていること、そしていつでも明かりが灯っていることを褒めている。心の苦しみのある人は、いつでもそこに引きこもって黙禱《もくとう》できるようになっている。ヨーロッパではよく見られる光景だが、これは「精神上の発展のための設備が整っているのではないか」と指摘している。

ただ最近の日本の家屋は、自分のプライバシーを守りやすいような部屋の構造になっているから、その点ではその心さえあれば、博士の時代よりは黙思するに都合のいい環境が確保されているということはできるだろう。

学問は尊い、だが黙思はさらに尊い

では、黙思して何を考えるのか。これについて博士は、「考えないことの境地に行きたい」といっている。この世にないところに遊んで、世間から離れたいというのである。そこから何か宝物を無理やり持ってこようと考えなくてもいい。言うべからざるような気分、境地に入るだけでいいのである。

そして黙思が進歩すると、見る人が見るとだんだん違ってくるという。目の光が違うし、近づくと一種の香りが出てくる。

黙思とは、心をむなしうして、とにかく受け身にするものである。ちょうどお宮さんの掃除をするような気持ちになっていればいい。善も思わず悪も思わなくていいのである。

しかしそうはいっても最初は邪念が起こりやすい。黙思した途端に、平生忙しいときには紛れていたことが次から次へと出てくる。あたかも「百鬼が入り込んでくる」というような感じになる。しかしいかに邪念が起こっても、それにかまわず黙思を継続すべきである。するとそのうちにだんだん黙思の目的に近くなるのである。

そしてそれは一日五分だけすればいい。二十四時間の五分ぐらいやってもしょうがないという説もあるが、それでいいのだと博士はいっている。

ヴァージニア・ウルフのお父さんであり、ヴィクトリア朝第一の文人であって、『大英人名辞典(DNB)』という世界最大の人名辞典の編集者でもあったサー・レズリー・スティーブンは、その随筆に「いいことをやるのは一日の中で十分でいい」と書いている。私もこの説には賛成である。

私の体験からいえば、たとえばストレッチ体操を一日十五分やると、残りの二十三時間四十五分気分よくいられるものである。私はレズリー・スティーブンの本でそのことを知ったのだが、新渡戸博士の黙思もそれと同じ考え方である。たった五分間の黙思で毎日が変わるのである。

私は小さい研究会を主宰してもう二十年以上になるが、この会に毎月一人いろいろな方をお呼びしてお話をうかがっている。かつて森政弘先生というロボットの研究をされている先生をお呼びしたことがある。この先生はなんとも目がいいし感じがいい方である。初めてお会いしたとき、すばらしい人だと思った。ただ者ではないという感じがした。これはきっと昔何かやっていたのではないかと思って聞いてみたところ、思ったとおり「坐禅をやっていました」とおっしゃった。

その研究会では最初にロボットの話をうかがったのだが、いつの間にか精神修養の話になってしまった。森先生も坐禅をやると妄想が次から次へと出てくるが、それでもやり続けるとそのうち無念無想に近くなるということをいっておられた。

新渡戸博士のいう「目には一種の光が輝き、その人に近づくと一種の香りを発する」ということがどういうことなのかを私は森先生によって実感できた。世の中には確かにそういう人がいるのである。

また、黙思はたくさんの人が集まってやってもいい。三人でも五人でも集まって黙ってやればいい。クエーカーでは、数百人の信者が集まることもある。そういう場合は、額に手を当てている人もいるし、肘を椅子にかけている人もいるし、態度は一様ではないけれども、二時間ぐらい一言も発しないで黙思している。その間に肉躍り血湧いてどうしても発言しなくてはいられなくなると、立って一言二言話すのである。こうして集まると「自信力が強まって確信を強めるように」なる。

イギリス人は、宗派別にいえばクエーカーの数は非常に少ないけれども、議員の中には比較的多くのクエーカーがいる。これはおそらく、黙思が堅固なる人格を練るということの一つの証拠として見てもいいのではないかと博士はいう。だから子供のときでも二分間ぐらい黙思の癖をつけるのはいいことだし、学校でも二分ぐらいの黙思を授業の前にやったらいいのではないかという提案をしている。

黙思をすると、いつもは忙しいために心の中に潜んでいたものが、外部の圧迫から解き放たれたような感じになって、聞こうと思わなかった声が天から下ることがある。これはインスピレーションが来るということである。そして慣れれば、心の底から爽快な感じが湧き起こってくる。「学問は尊いものだが、黙思は更に尊いものである」。あれだけの学問を積まれた新渡戸博士の言葉だけに、これは説得力がある。

沈思黙考の習慣が強く健やかな精神をつくる

黙思することの効能とは何か。伊藤博文は人の才能を計るのは仕事だといった。これはすでに述べたとおりだが、博士は仕事をするよりも大切なことがあるという。それは仕事の動機がどのようなものであるかということである。「あること」(to be)が第一で、「なすこと」(to do)は第二であるというのである。

友人の高官が「君の人生の目的はなんだ」と聞いたとき、博士は「僕はあること(to be)が第一で、なすこと(to do)は第二である」と答えた。その人はしばらく考えて「そうか、それで初めて君の素行がわかった」といったという。仕事には外から見るとわからないことがある、だからこそ、その背後にある動機が重要なのだと博士は考えるのである。

その動機を正しくするために黙思を使えと博士はいう。果たして何のためにするのか、自分の名声を上げるためにしようとしているのではないのか、金のためではないのかと、一歩退いて沈黙の中に思えというのである。

これは仕事のみならず、日常の小事にも同様に使える。断食の修行をしなくても、斎戒沐浴しなくても、ただ黙思する習慣をつけるだけで、自分の本心を守り、誘惑から逃れることができるのである。これこそ日常の中の修行、修養の核心といえるのではないだろうか。

何度も出てくる話だが、黙思をすると最初はとにかく妄想が次から次へと出てくる。だからかえって妄想をなくすためには忙しい仕事をしたほうがいいのではないかと思うことさえもある。しかし、それは黙思によって心の底にたまった煩悩が出てくるのである。

また黙思をしていると、なんとなく自ら悲しくなったり憂いを感ずることもある。しかし新渡戸博士は、そういう物悲しい感じが出てきても、それは結構なことではないかという。むしろそういう感じを養うべきではないかというのである。

元来人生とは悲哀を伴うものである。しかしこの悲哀は決して悪いものではない。人生に悲哀があるのは、酸味の中に甘味があるようなものである。宇治の玉露みたいなもので、言い知れぬ妙味がある。人生の悲哀というのはそういうものである。武士は物のあわれを知るというけれども、物のあわれを知るから武士だともいえるのではないか。

黙思して自分のことを考え、全体の人生を観察すると、悲哀の念がわいてくる。その悲哀の念がわいてこないようであれば、その人の心の修養が足りないのである。博士のいう悲哀の念とは決して悲観ではない。「もののあわれ」を感ずるような、心の豊かさというようなことをいっているのであろうと思う。

日本人は一人でいるのを寂しがるけれども、イギリス人のようなアングロサクソン系の人たちは、比較的一人でいることを寂しがらない。これは精神の強さとかかわることではないかと博士は洞察する。そして、そういう日本人なればこそ、黙思の習慣を身につけて、精神を強く健やかにすることが貴重なのであるという。

黙思によって剛健なる精神が出てくることは確かなことであり、また、それを続けることは人間に深みをつけることにもつながっていくのである。これらのことを目的とすることはないが、五分なり十分なり毎日決まった場所で決まった時間に黙思する習慣をつけることは、「決意の継続」の小さな実践としてもいいことではないだろうか。

個人の修養のためにも、また国民の修養のためにも、黙思の習慣は貴重なものであると新渡戸博士はいう。黙思こそが修養の心をつくる一番の基礎になるのだと博士は強調してやまないのである。

あとがき

十年一昔と言うが、あの「大学紛争」も三昔も前のことになり、それを記憶していない人たちが社会の中枢部にまで入ってくる時代となった。もう大学紛争も忘却の淵に沈んでいるかの如くであるが、それが日本の社会に残した傷は大きく残っている。しかもそれがあの大学紛争の後遺症と気付かれていない。

その一つは、毛沢東の手先になった共産党の青年突撃隊とも言うべき紅衛兵の「造反有理」というスローガンの受売りをして、無闇に権威とか、エスタブリッシュメントに反抗することを正義とした世代が親になったことである。反抗することだけが正義と信じた世代がろくに反省もしないで親になったら子供はどうなるか。小学校・中学校、あるいは幼稚園の先生方に聞いてみるがよい。学級崩壊という、今までの日本では想像もできない状況が生じている。また教える先生にも紅衛兵と連帯感を持っていた連中が少なくないのだ。

その残した害の第二はあの世代は産学協同を目の仇《かたき》にして攻撃したことだ。大学は産業界と協力してはならないというのであった。産業界は資本主義だからというのだが、その繁栄の下で生活できた連中がそんなことを主張し、日本の学界と産業界の両方に多大の害を与えていたのだが、それを唱えていた連中は今は知らん振りをしている。

このように「大学紛争」の後遺症は数え上げていけば、今話題の拉致問題もふくめていろいろあるが、教育の面ではもう一つ師弟関係の断絶ということがある。大先生たちの自伝を読むと、学生時代にはしょっちゅう教授の自宅を訪ねていたことがわかる。そして私的な空間で自分の先生の謦欬《けいがい》に接していたのだった。「謦」は「軽い咳《せき》ばらい」、「欬《がい》」は「重い咳ばらい」で、どっちも「咳ばらい」である。つまり学生たちは夜などに教授の自宅を訪ね、先生の咳ばらいがとどくぐらいの至近距離で雑談など聞いたのであった。それは教室などの公《おおやけ》の場所では聞けない話が多く、それで学生たちは賢くなった。先生の私邸で話を聞くというのは、江戸時代からの伝統でもあった。三宅雪嶺（昭和十八年文化勲章授与される）の祖父三宅芳渓は、頼山陽の自宅で書道と詩文を習ったが、あの天才頼山陽も弟子に対しては極めて親切丁寧で、一つ一つの文字使いまで少しもゆるがせずに添削し、注意してくれたと言う。明治になって官立の学校が主流になっても、教室のほかに、先生の私宅で「裏ゼミナール」みたいな雑談が聞けた。大学での「表ゼミナール」では固い学問の話が中心であるが、私宅では雑談を通じて、「平生の心がけ」とか「修養になる話」も吹きこまれたのであった。

幸いに私が大学に入った頃もこの伝統は残っていた。いろいろな教授たちに「お宅にお伺《うかが》いしてよいですか」と言って断られた記憶がない。今から考えるとそれは何と贅沢な時間であったことか。特に同じキャンパスに住んでおられた神藤克彦先生のお宅には、数えきれないほどしばしばお邪魔した。一度として都合悪いと言われたり、迷惑そうな素振りを少しでも見せられたことがない。物資の極端に不足な、また居住空間の劣悪な時代に、奥様までも嫌な顔を見せることなく、いつも歓迎してお茶を出して下さった。こうした「裏ゼミ」の話の中で、「幸田露伴は小説よりも『努力論』や『修省論』に彼の本領が現れている」というお話を聞いたり（そのおかげで露伴の『努力論』は今でも私の座右の書になっている）、「新渡戸稲造という人は、カーライルの『サーター・レザータス（衣裳哲学）』を三十数回も繰り返して読んだ」という逸話を聞いたりした。五千円札の肖像になってからは新渡戸博士はみんなの知っている名前になったが、昭和二十年代は多くの人に忘れられた名前であった。私は神藤先生の裏ゼミに刺激されて新渡戸博士の『修養』という厚い本を神田の古本屋で買って読んだ。考えてみると新渡戸博士は当時は帝国大学で教え、一高（今の東大教養学部）の校長をしておられた。公式の場では農業経済学とか、その関連の法制の堅苦しい講義をしておられたはずである。しかし一方で通俗雑誌に雑話を連載されていた。それは処世術と言えるものでもあり、修養談とも言えるものであって、大学の講義にはならない種類のものであった。それは学界最高峰と仰がれる新渡戸教授の「裏ゼミ」だったのである。

毎週のように「裏ゼミ」をやって下さった神藤先生のおかげで、私は新渡戸博士の「裏ゼミ」の話を知ったわけである。今あらためて亡き先生の学恩を感じている次第である。

大学紛争は教授私宅での「裏ゼミ」の伝統をほとんど一掃してしまった。最近の報道によると日本共産党も年来の主張を大幅に変更したらしい。世は再びマルクス流行以前の時代と似た特徴を示すであろう。つまり国家・社会に頼り切るのではなく、個人が修養によって生きることが重要であるというまともな時代に入ったのである。神藤先生の裏ゼミの伝統を継いで、新渡戸博士の裏ゼミのエッセンスを、現代の読者にいささかでもお伝えすることができれば幸いである。

本書の企画・出版に当っては、いつものように致知出版社社長の藤尾秀昭氏とそのスタッフのお世話になった。厚く御礼申し上げる次第である。

渡部昇一

平成十五年六月　黄栢蒸溽の候

〈著者略歴〉

渡部昇一（わたなべ・しょういち）昭和５年山形県生まれ。昭和30年上智大学大学院修士課程修了。ドイツ・ミュンスター大学、イギリス・オックスフォード大学に留学。Dr. phil., Dr. phil. h.c. 専攻は英語学。上智大学教授を経て、上智大学名誉教授。イギリス国学協会会長。日本ビブリオフィル協会会長。昭和60年第１回正論大賞受賞。現在、幅広い評論活動、著述活動を展開している。著書に専門書のほか『「南洲翁遺訓」を読む』『人間における運の研究』『ヒルティに学ぶ心術』『読書有訓』『日本の生き筋』『財運はこうしてつかめ』『国のつくり方』『そろそろ憲法を変えてみようか』『歴史に学ぶリーダーシップ』『知の愉しみ知の力』『誇りなき国は滅ぶ』『三国志・人間通になるための極意書に学ぶ』『いま大人に読ませたい本』『幸田露伴の語録に学ぶ自己修養法』『人間百歳自由自在』『渡部昇一の時流を読む知恵』（いずれも致知出版社刊）など多数。

運命を高めて生きる

——新渡戸稲造の名著『修養』に学ぶ——

平成十五年七月二十五日第一刷発行

平成二十八年三月三十一日第三刷発行

著者　渡部　昇一

発行者　藤尾　秀昭

発行所　致知出版社

〒107-0062東京都港区南青山六の一の二十三

TEL（〇三）三四〇九—五六三二

印刷　㈱ディグ　製本　難波製本

落丁・乱丁はお取替え致します。　（検印廃止）

ISBN4-88474-655-1 C0095

ホームページ　http://www.chichi.co.jp

Eメール　books@chichi.co.jp